UPDATE

学校アップデート

情報化に
対応した整備の
ための手引き

堀田龍也 / 為田裕行 / 稲垣 忠
佐藤靖泰 / 安藤明伸

さくら社

● はじめに

　2020 年 2 月 27 日。安倍晋三内閣総理大臣は、全国すべての小学校、中学校、高等学校、特別支援学校等の臨時休業を要請しました。1 月後半からの新型コロナウィルス感染症の大流行という非常事態を迎えたことへの対応でした。文部科学省の職員ですら、テレビ放送を見て驚いたそうです。そのぐらい「想定外の」出来事でした。

　学校の臨時休業を実施するかどうかの意思決定は、あくまで学校の設置者である自治体に依るものですが、総理大臣からのこのような強い要請は近年に前例が存在しないため、自治体の首長も教育委員会も意思決定に時間がかかってしまいました。その結果、校長会等を通して学校現場に方針が降りてくるまでにはさらに時間がかかり、翌日の対応方針が前日の夕方遅くに学校に届くということが繰り返されました。

　このまえがきを書いている 2020 年 4 月初旬には、緊急事態宣言も発出され、事態はさらに深刻化し、先生方の疲弊が心配な日々が続いています。

　要請後の休業期間中には、ICT 環境整備による格差が見られました。

　子どもたちが一人 1 台の情報端末を持ち、日頃から調べ学習、レポート提出などツールを活用した学習活動を経験し、個別最適化のドリルなどの教材を活用したオンライン学習や、遠隔授業などの体験をしてきた学校では、遠隔で朝の会をやり、NHK for School の映像を見て意見を共有するなど、教育の質をさほど落とさずに過ごしていました。

　一方、ICT 環境が整っていないために、先生方がプリントを多数印刷し、感染を恐れながら家庭を回って配布し、それでも丸付けを頼まれる保護者が不満を持ってしまうような学校も多くありました。

　新型コロナウィルスの流行と、それに伴う学校の休業によって、私たちには「そもそも学校とは何なのか」ということが突きつけられました。SNS では、さまざまなオンライン教材等がリンクされました。それとて、

家庭に ICT があり、それなりに高速で大容量のネット回線が確保できる子どもだけがアクセス可能です。さらなる問題は、アクセス可能なら学ぶのかということです。在宅学習の長期化の中、自分の学びを自分で制御できる前向きな「学びに向かう力」が求められています。

「GIGA スクール構想」などにより、いよいよ児童生徒一人 1 台の情報端末と高速で大容量のネット回線が整備されることになります。巨額の補正予算が国として準備されるため、各自治体は、全額のおおむね 2 割程度の負担で整備ができることになります。おそらく 2020 年度は、学校の ICT 環境が飛躍的に整備される年となります。

　それでもなお、教育委員会はどのような情報端末を何台整備すればよいのか、各学校はそれをどのように運用すればよいのか、各教員はそれらを使ってどんな授業をすればよいのか、そして子どもたちにどんな資質・能力を身に付けさせなければならないのかなど、まだまだ不安が大きいことでしょう。

　でも、ご心配なく。すでに取り組み始めている先進校があります。これまで長く導入に関わってきた人たちもいます。この分野で長年、実践研究に取り組んできた研究者もいます。

　この書籍は、そういうメンバーによって執筆されました。この書籍で、GIGA スクール時代の「はじめの一歩」に踏み出してもらえるはずです。

　末筆ながら、出版をお許しいただいた株式会社さくら社に心より感謝申し上げます。

　　執筆者を代表して
　　　　東北大学大学院情報科学研究科・教授　　堀田龍也

Ⅱ 実践のポイント：これからの授業づくり

第2部●準備編   65

Ⅰ 環境整備

Ⅱ 体制整備

巻末付録 学校アップデートへのステップ

❶「アップデート」って何だろう?

◇「アップデート」とは

　「アップデート」という用語は、今では日頃からよく聞く用語でしょう。この用語の意味から確認していきましょう。

　アップデートとは、英語では update と書きます。日本語では「更新する、改訂する、最新のものにする」のような意味です。

　この用語をよく聞くようになったのは、スマートフォンの普及と関係があります。スマートフォンにはいくつかのアプリをインストールしていることでしょう。これらのアプリに対して、「アップデートがあります」とか「アップデートしたら新しい機能が増えた」というような言い方をします。

　スマートフォンなど、いわゆるコンピュータに関する分野では、アップデートとはソフトウェアの更新を意味します。それまでのソフトウェアの不具合の修正や、新たな機能の追加を目的としてアップデートされます。

◇アップデートの裏にある「アジャイル」の考え方

　読者のみなさんの多くはスマートフォンを利用しているでしょう。したがって、アプリのアップデートの経験があるはずです。しかも、一度や二度ではないでしょう。アプリのアップデートは、頻繁に行われています。

　自動でアップデートする設定にしている人は、あまり意識をしていないかも知れませんが、この「頻繁にアップデートする」という考え方は、ソフトウェア業界では常識的なものです。これを「アジャイル」と言います。

　アジャイル（agile）とは、は「すばやい」「迅速な」という意味です。ソフトウェア業界では、かつては詳細まで徹底的に検討し、盤石な設計を

し、何ヶ月もかけて大人数でソフトウェアを開発し、ようやくリリースに至るという方法を採用していました。しかし、変化の速い今の時代には、この方法は適していません。そこで、まずは基本的な機能だけを開発してリリースし、ユーザに使ってもらいながら使い勝手をフィードバックしてもらい、急がれる不具合の修正や、追加機能を順次付け足していくということを繰り返す開発手法を採用するアジャイル開発が一般的になりました。そのため、私たちはしばしばアプリのアップデートを体験することになっているのです。

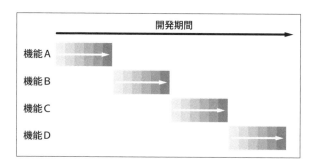

◇学校現場もアジャイルの考え方に学ぶ時代

学校現場でも最近、「教育課程の不断の見直し」というような用語がよく聞かれることでしょう。もう少し一般社会の言い方にすると「PDCA サイクルを回す」などの言い方になります。そして、これがまさに、アジャイルでアップデートを繰り返し、次第に理想に近づけていくということです。学校現場だけでなく、流れの速い時代の共通の考え方です。

学校は、未来を支える子どもたちを育てるところです。ですから、今の社会より先を見た教育を行う必要があります。しかし、学校現場は多忙過ぎて、今の業務をこなすことに躍起になりがちです。だからこそ、少しずつの変化の連続で、よりよい学校にしていくという考え方が適しています。

現状を把握し、できることをやってみて、短いサイクルでフィードバックを得て、必要な関係者を巻き込みながら、段階的にゴールを目指す。これが「学校アップデート」の考え方です。

❷育てるべき人材像をアップデートする

◈これからどんな社会になるのか

　学校教育で育てるべきは、未来を支える人材です。問題は、未来がよく見えないということでしょう。だから、どうアップデートしていいかわからないのです。

　最優先となるのは、私たちは急速に進行する人口減少社会に生きているということです。これからさらに少子高齢化が進み、生産年齢人口は激減していきます。2020 年に小学校 4 年生（10 歳）の児童が、社会で責任を

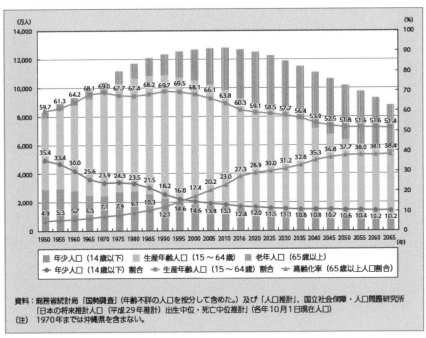

図　我が国の人口の推移
出典：https://www.mhlw.go.jp/wp/hakusyo/kousei/17/backdata/01-01-02-07.html

持つ立場となる 50 歳になる 40 年後の 2060 年には、日本の人口が現在の約 1 億 2,500 万人から約 9,300 万人となります。生産年齢人口は約 52%まで落ち込み、それに対して高齢人口は約 38% と予測されています。

◇育てるべき人材像のアップデート（1）：
情報活用能力が身についた人材

　少ない人数で社会を支える時代の人材には、どのような資質・能力が必要になるのでしょうか。

　まず、個人の生産性が高いことが求められます。要するに「仕事ができる」人材であるということです。

　みなさんの周りにも、「仕事ができる人」がいることでしょう。その人は、状況に応じてスマートフォンやパソコンなどからインターネットにアクセスし、あらゆる情報をいち早く得ているでしょう。得られた情報を必要に応じて整理したり、しかるべき人にいち早く、わかりやすく提示したりしているでしょう。また、どのサイトに書かれていることが適切か、誰から情報を得ると良いかなど、多様なリソースへのアクセスの信頼性についての判断力も持ち合わせていることでしょう。

　このような人が持っている、「必要に応じて ICT を適切に活用し、情報を適切に処理する能力」が、まさに情報活用能力のイメージなのです。このような人は、仮に別の仕事に就くことになったとしても、新しい仕事の場で情報活用能力を発揮して、またその道で「仕事のできる人」になっていくに違いありません。すなわち、この人の生活や仕事を支える「基盤」として情報活用能力が機能しているということです。

　今の子どもたちには、情報活用能力をしっかりと身に付けさせることが重要なのです。学習指導要領にも、情報活用能力が「学習の基盤となる資質・能力」として重視されています。これからの授業では、ICT をふんだんに活用し、情報活用能力を高めながら学ぶことが必要となります。

◇育てるべき人材像のアップデート(2)：
情報技術を体験した人材

　さまざまな産業で、ロボットや人工知能の活用が話題です。人口減少社会に向かうのですから、人手不足は慢性化します。新しい情報技術を上手に活用し、人間はより人間らしい仕事に従事することが望まれます。

　そのような見通しから、小学校でもプログラミング教育を行うことになりました。実際にプログラミングをして動作させ、何を自動化してさせているのかを体験的に学んでいくことが大切です。さらに、プログラムで動いているものが世の中にたくさんあることに気づき、それらのプログラムをどのように改善していけば社会がもっとよくなるかを検討するような授業が期待されます。

◇育てるべき人材像のアップデート(3)：
変化に負けないマインドを持った人材

　社会の変化が激しく予測が難しいという現実があります。新型コロナウィルス感染症の大流行によって何カ月も学校に行けない日々が続くなんて、誰が想像できたでしょうか。

　自分の適性を自分で把握し、自分のキャリアップの方向を自分で決め、自分の意思でキャリアチェンジしていく時代です。自分の人生に責任を持ち、社会にどのように貢献していくのかを自分で決めるのです。誰かが何かをしてくれるのを待っている時代ではないのです。変化する責任は自分にあります。AIに職を奪われると恐れるよりも、AIにできない仕事で生き残ってやろうというマインドが求められるのです。

　世界各国と同様に、日本でもすでに終身雇用はごくわずかの職業にしか残っていません。教員は終身雇用で身分保障されているので、社会の変化があまり実感できないのです。このことを教員は自覚しておく必要があります。

❸ 学校を「世間並みに」アップデートしよう

◇情報社会にマッチした学校のイメージ

　人口減少社会に突入してから、民間企業ではICTやネットワークをふんだんに用いることができるように投資して、働き方を改善してきました。環境に優しいペーパーレス、有能な外国人の積極的な雇用が可能となるように、デジタル化や英語を活用するシーンを増やしました。働く人々のスキルと働きやすい職場のマッチングも進み、「人生100年時代」の各ステージにふさわしい職場で、軽重を付けた働き方が実現しつつあります。

　それに対して学校現場は、「紙でできることをなぜICTでやる必要があるのか」といった意見がまだ多く見受けられ、学校の情報化に対する投資を先送りにしてきました。その結果、学校の職場環境は劣悪なまま、子どもたちや保護者の多様化に人力で対応せざるを得ず、教師は疲弊し、有能な人材は学校現場を避けて民間企業に向かう始末となっています。

　せめて、「世間並みに」近い情報化に対して、寛容な教育界になっていければと思います。教員が行う教材研究や研修では、インターネット上にある動画等を自由に視聴でき、その情報を教員間で共有できること。子どもたちの学習環境として各自に情報端末が与えられており、学校生活のさまざまな場面で日常的に活用し、「先生から教わる」以外の学習体験をたくさんすること。保護者は学校からのお知らせ等を常に学校Webサイトで確認でき、欠席連絡や、必要な学習・生活に関する相談等を遠隔でもできること。外部人材が、遠隔で学校教育に協力できること。

　学校が情報化することは、子どもたちや先生に、周囲の人たちが関わりやすくなることであり、それが学校教育の充実につながっていくのです。

◇確実な ICT 環境整備を

　政府を挙げて学校の ICT 環境整備を急速に推進しようという動きがあります。学校の ICT 環境整備の主体は、設置者である教育委員会です。大きな予算を伴うことではありますが、これまで先送りしていたことの取り返しでもありますから、国の補助金等を最大限に利用して、この機会に徹底的に推進する必要があります。

　その際、最大のポイントは、高速で安定的なネットワーク環境です。これが備われば、ソフトウェアもデータもクラウドを活用できますから、情報端末は安価なもので済みます。これまでの学校現場は、回線速度が遅かったために、情報端末にさまざまなソフトウェアをインストールすることとなり、高性能・大容量な高価な情報端末を購入していたのです。

◇整備された ICT 環境を活かした教育の実現を

　大人の私たちは、ちょっとわからないことがあるとネット検索をします。これからは、子どもたちも同じ環境になります。そもそも、検索で見つかるようなことは、表面的な知識に過ぎません。友だちの調べた結果を聞き、自分の考えを述べ合い、先生に整理してもらって、ようやく深い学びにつながっていきます。これこそが、学校に集合して学ぶことの意義です。

　ですから、自分でアクセスして見つけられるようなものは、積極的にアクセスさせましょう。クラウドで動作する個別最適化を目指したドリルもどんどん活用しましょう。そうやって知識・技能を蓄積することに留まらないような授業を考えましょう。

　自分の道具として情報端末を常に使う習慣を身に付けた子どもたちは、次第に情報活用能力を身に付けていきます。ICT が、何に便利で、何ができないかを体験的に理解していきます。このことにプログラミングが加わることで、情報技術に対する理解にもつながっていきます。

　このあと、そんな実践や研修について、具体的に見ていきましょう。

UPDATE

1 ICTの日常的な活用

仙台市立広瀬中学校「社会」

　学校にICTが入ることによって、まず大きく変わるのは日々の授業です。授業で一人1台のICTが整備されたとき、どのような授業が可能になるのか、生徒の学び方はどう変わるのか。2020年2月21日に、仙台市立広瀬中学校を訪問し、齋藤純 先生が担当する3年生の社会科の授業を見学させていただきました。

⊙一人1台のタブレットは、思考と表現のツールになる

　見学した今回の授業では、ロイロノート・スクール[1]を使って、歴史をこれから学ぶ後輩たちに残すスライドを作るために、「江戸時代と明治時代を大観させるために必要な要素は何か」を説明するスライドを2人組になって作成する課題に取り組んでいました。生徒たちは、江戸時代を担当するペアと明治時代を担当するペアを組み合わせて4人グループになって、最初にそれぞれが発表を行い、その後でお互いの発表の改善案を考えて発表し合いました。

　一人1台持っているiPadは発

授業内容を最初に紹介する

iPadを使ってスライドを発表する

1　ロイロノート・スクールは、株式会社LoiLoが提供している、クラウド授業支援アプリ。

表ツールとして使い、ロイロノート・スクールで作成したスライドをグループ内で発表していました。iPad にスライドを表示して、それを示しながらプレゼンテーションを行います。全体に対するプレゼンテーションだけでなく、こうしてグループ内でもプレゼンテーションを行うことで、一人ひとりがプレゼンテーションをする機会を増やすことができます。

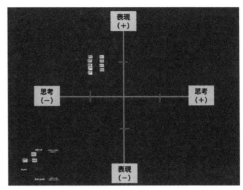
「思考」と「表現」の2軸で評価する

ロイロノート・スクールは、スライドを作成するためだけでなく、どのようなことができていればいいのかという評価基準を示すルーブリックを共有することにも使われてい

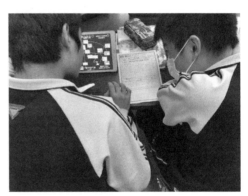
iPad とワークシートを使って話し合い

ました。今回の授業のスライドは、この共有されているルーブリックと照らし合わせて「思考」と「表現」の2つの座標軸を使って評価をしていました。

　生徒たちは、ルーブリックを見ながら、クラゲチャートに相手の発表をより良くするための改善案を5つ考えて書き込んでいきます。発表したスライドをお互いにロイロノート・スクールを使って送り合っているので、スライドを見直しながら改善点を話し合います。こうして作成したスライドを簡単に送り合い、何度も資料を見ながら評価し、改善点を考えることができるのも、一人1台の ICT があるからこそです。

⊙ICTが入ることで、教科書をより読むようにする

「スライドをもっとこうした方がいい」という改善案を練るときには、相手のペアの担当している教科書の箇所を読み込む作業が生まれます。齋藤先生は、「教科書はいつもはあまり

iPadと合わせて教科書を読む機会も増やす

見ないが、こういう枠組みがあると教科書を読まざるを得ない」と、教科書を読まざるを得ない状況ができるように意図して課題を作っているそうです。

⊙ ICT でできた時間に先生がすべきこと

齋藤先生は、各グループの様子をどんどん見て回りながら、アドバイスをしたり、質問を投げかけたりしていきます。「江戸時代と明治時代を大観させるために必要な要素は何か」を考えてもらうために、齋藤先生は生徒たちに、「"大観させる"のが目標だから、そのためにどうすればいいかを考える」「相手に改善案を伝えるためには、根拠も合わせて伝える」「この人物・絵・出来事を入れたほうがいい、というように必ず"具体"を入れる」と言います。

「鎖国を入れたほうがいいと思う」と言う生徒に、齋藤先生は「なぜ鎖国を入れたほうがいいの？」と質問します。生徒は、「江戸時代と言えば鎖国でしょ？」と返しますが、さらに齋藤先生は「なんで？」と問い、生徒は「鎖国したから日本独自の発展が…」と、その言葉を入れたほうがいいという根拠にたどりつきました。

授業の最後に、グループ内でそれぞれのペアが考えた改善案を発表してから、ロイロノート・スクールで改善案が書かれたクラゲチャートを送り合って共有しました。次回の授業では、クラゲチャートに書かれた改善

案を活用してプレゼンを
改善していきます。

先生は多くの生徒に語りかけ、学びを導く

　iPad を活用することで、
スライドを一緒に見たり、
改善案を送り合ったりな
ど、データの共有を短時
間で行うことができます。
だからといって、ずっと
iPad の画面を見ているわ
けではなく、ペア同士で
話し合ったり、グループ内で発表をし合ったり、教科書や資料を読み込ん
だり、さまざまな活動が組み込まれていました。また、齋藤先生が歩き回
り、多くの生徒と関わりを持っていたのもとても印象的でした。

　iPad が一人 1 台の環境で使えるようになったときに問われるのは、授
業のなかでの学習活動にどのように組み込んで、先生が実現したいと思っ
ていた学びの形が実現できるようになるか、だと思います。

授業の最後に再び全体でのまとめを行う

2 学びの個別最適化

袋井市立三川小学校「算数」

　一人1台のICTが用意できれば、学びの個別最適化を進めることができます。2019年1月25日に、袋井市立三川小学校にて行われた、経済産業省の「未来の教室」実証事業[2]の公開授業を見学させていただきました。この授業は、自習用算数教材「やるKey＋」とアダプティブドリル教材「やるKey」を導入し、タブレット一人1台の環境での新しい授業スタイルを実践していました。

　大堂浩平先生が担任されている5年生のクラスで、単元「正多角形と円」を学ぶ授業を見学しました。

◉自分で学んでいくスタイル

　この日の授業は単元の8時間目で、学習内容は「円周率を用いて、円周や直径の求め方を理解する」でした。

　授業の最初には、大堂先生が前回の学習のふりかえりをします。その後、本時の課題について紹介し、学習の進め方の確認をして、最後に到達目標を児童に選んでもらいます。その後は、一人1台のiPadで、自分のIDとパスワードを入力して、自習用算数教材「やるKey+」を起動し、個別学習がスタートします。

　今回の授業で公開された個別学習をベースとした新しい授業スタイルは、スタート前はこうした先生による前回のふりかえりなどもまったくなく、完全に個別学習を進めるという企画も考えられていました。しかしそれでは十分に学力が定着しないのではないか、という懸念もあり、最初に時間をとって、先生からクラス全体に向けて前回のふりかえりや学習内容

2　2018年度の経済産業省「未来の教室」実証事業で、初中等教育向けプログラムとして採択されていて、凸版印刷株式会社と袋井市立三川小学校が実証を行っていました。

の紹介、到達目標の設定などを促す時間をとる授業スタイルとなりました。

今回の授業範囲では、円周率を用いた計算を行うので、電卓を配布して計算をしていきます。すべての問題は自動出題されます。ヒントを表示するボタンなども用意されているので、各自が自身の必要に応じて問題の解き方を選べるようになっています。間違えた問題については、解説を読み、再度解くように画面が表示されます。

本時の学習内容を早く終えた児童は、アダプティブドリル教材「やる Key」に進み、補充問題に取り

一人ずつ違う問題が自動出題される

自動採点されるので、自分のペースで学習が可能

組みます。やる Key は、間違えた問題に合わせて次の問題が出題されるようになっているので、以前の授業範囲でつまずいている児童がいれば、小単元をまたがって前の問題が出題されます。こうした仕組みを使って、児童一人ひとりが自分にあった学習ができるようになっています。

授業の最後には、大堂先生からロイロノート・スクールを通じて、クラス全体で取り組む問題が出題されました。iPad に表示された問題をノートで解いていきます。

どのように解いたのかを、グループで説明し合うことで、一人ひとりが問題を解けるようになるとい

iPad と合わせてノートも使って学ぶ

うことにとどまらず、自分の考えを言語化することや、他の人の思考を助ける姿勢を育むこともできていたと感じます。こうした時間は、大堂先生がこれまでも学級経営のなかで大切にしてきたことだと伺いました。ICTを活用することで、こうして先生が大切にしてきている学級経営の方向性をサポートできるのは素晴らしいことだと思います。

◉学びの個別最適化を支える先生の仕事

　授業後の協議会で、大堂先生は「やったことがない新しい教材、やったことがない授業スタイルへの挑戦のなかで、自分の授業を見直すことができた。多くの課題、気づき、今まで当たり前にやっていたことについても、悩む部分もあった」と言っていました。

　実際に授業をやった先生の感覚としては、「iPadを使って一人ひとりが自分のペースで学力をつけていくのを45分間見とろうとするためにはパワーが必要です。45分間の授業が終わった後、児童が"ふー"となっていて、脳が汗をかいた感覚がある、密度の高い学習をしたのだということがわかって、そこが新鮮だった」と大堂先生は言います。

　大堂先生は、「教科書を使った授業の方が楽だったと思う。自分の指示で、それを聞いて、板書して、問題を解いて…という一定の流れのなかで、全体の習熟度を把握し、次に進んでいく、ということをしていたんだな、と思う。多少、遅れている子がいても、授業計画もあるし…と進んでしまっていたように思う。そこは、実践をして気づいた反省点だった」と言っていました。

　iPadと「やるKey」の操作方法については、単元の1時間目には、「どう使うの？」というところがあったそうですが、適応してくると、特に教えなくても、どんどん使えるようになっていくそうで、「想定以上に2回目、3回目、と操

先生の見とりで学びの個別最適化が実現される

作についての労力、時間はどんどん短縮されていった」と先生は言います。

　今回の実証事業について、どのような形で授業を行っていくかは、袋井市教育委員会・三川小学校・凸版印刷で試行錯誤をしてきました。授業後の協議会で、そのことについての話題となりました。

　学びの個別最適化については、「スタートは揃えるが、習熟度に合わせて行けるところまで進む」という方法も、「小単元ごとに分ける」という方法もあります。今回の実証研究では、現場の先生方の声を聞きながら、どのように進めていくかを決め、最終的には、実態にあった形で、45分間のなかで個別化をするというふうになっていました。

　研究協議会での議論のなかでも、「公教育においてアダプティブな学習を進めていくには、"公正に個別最適化されている"ということが大切だと思う。個人のスピードでなんでもいい、というふうにはならず、ある程度の枠が必要ではないか」というコメントも出ていました。この点は、引き続き議論をしていくべきことだろうと感じました。

　それと、アダプティブな学習を行うことによる利点として大堂先生は、「教室だと刺激が多すぎて学習が進まなかった児童が、いちばんに終わるというケースもあった。一方で、一斉授業のときにとてもよくできていた子が、時間がかかるケースもある。観察してみると、慎重に時間をかけて学んでいる児童もいる。慣れてくると習熟までの時間が短くなると考えている」という授業者ならではのコメントもされていました。

　児童にとってよい授業になるように質を落とさず、新しい授業スタイルに挑戦することが、「アダプティブな学習」「学びの個別化・最適化」「学び合い」について、多くの気づきを生んでいたように思います。

3 環境整備と日常的な活用

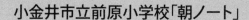

小金井市立前原小学校「朝ノート」

　学校に ICT が入ることによって、授業だけでなく学校にいる時間すべてにツールとして ICT を使えるようになります。2019 年 5 月 24 日に、小金井市立前原小学校を訪問し、蓑手章吾先生が担任されている 5 年生の授業を見学させていただきました。

⊙新しい健康観察

　前原小学校では一人 1 台環境が実現しています。iPad を使っている学年もありますが、今回見学したクラスは Chromebook [3] を一人 1 台で使っていました。完全に自分持ちの端末で、朝の時間にも、調べ物をしたり、画像を検索したり、いろいろな使い方をしています。

　前原小学校のほとんどのクラスで、朝の健康観察を「朝ノート」という活動で行っています。通常の健康観察では、一人ひとりが健康状態を順番に発表していくのですが、前原小学校では一人ひとりが Chromebook でスクールタクト [4] を開き、「元気です。むしにさされた。」などの朝ノートを書いていきます。また、蓑手先生のクラスでは、それに加えて昨日の MVP だと思う児童の名前を書き込んでいました。

一人 1 台で、自由に使える環境

3　Chromebook とは、Google が開発しているオペレーティングシステム「Google Chrome OS」を搭載しているノートパソコンのシリーズ。
4　スクールタクトは、株式会社コードタクトが提供している、Web ブラウザだけで協働学習・アクティブラーニングを導入できる授業支援ツールである。

ただ文章を書くだけでなく、みんなに受けそうな画像や自分の好きな画像を貼り付けている児童もいました。

自分の健康状態を報告する

　自分の書き込みが終わったら、クラスメイトの朝ノートを読みに行き、「いいね」をつけたりコメントを書いたりしていました。ただ自分の状態を書くのではなくて、こうして他の人の朝ノートを読むことで、クラスメイトとの距離が縮まります。普段あまり話をすることのない人の朝ノートにコメントをしたり、ということもあるそうです。

　児童だけでなく、蓑手先生も朝ノートにコメントをどんどん書いていきます。「2時間目の途中で避難訓練らしいよ」「今日、野球見に行くの？」などコミュニケーションが続いていくようなコメントがやりとりされていました。

クラスメイトの報告を読みに行く

　普通に教室で健康観察をすれば、コミュニケーションは席が近い人とだけ生まれます。スクールタクトを活用した朝ノートの活動で、教室での距離を超えたコミュニケーションが可能になります。

　教室でみんなでChromebookに向かってキーボード入力をしている教室はとても静かです。しかし、スクールタクト上では、さま

先生も一緒に、クラスみんなでオンラインでのコミュニケーション

ざまなコミュニケーションがされています。オンラインでの静かなコミュニケーションが、オフラインでの児童間の関係、先生と児童との関係にも確実に反映されていくだろうな、と感じます。

⦿先生と児童が同じ目線で取り組むプログラミング

一人１台使っているからこそできるプログラミングの授業も見学しました。IchigoJam⁵×ドローン⁶を使う授業の最初に蓑手先生は「昨日、先生たちもやってみたけど難しかった。飛ばせるかどうかわからない。だから、"みなさんの力を借りたいです"。一緒にいろいろ試していこう」と言いました。

先生たちもいろいろと試行錯誤をしてみたけれど、飛ぶときと飛ばないときがある、その状況で蓑手先生が「このクラスで誰かがドローンを飛ばせれば今日のところは成功。みんなで考えよう」と言うと、児童からは「よし、がんばろう」という声があがっていました。

クラスみんなでドローンを飛ばす

こうして子どもたちと先生が、対等に一緒に問題を解決する人としてプログラミングに取り組む、というのもひとつの実践の形だと思いました。

自由に席を移動して、IchigoJamに取り組みます。IchigoJam とド

一人ひとりが自分の手で試行錯誤する

---

5 IchigoJam は小さなメモリ (RAM4KB) で動作する IchigoJam BASIC を OS として搭載したプログラミング入門用ワンボードマイコンです。
6 ドローンとは、命令を受けて自立飛行する飛行物体のこと。

ローンをどうやって接続するか、ドローンを飛ばすコマンドなどはプリントにまとめてあり、それを配布します。児童はどんどん自分で進めていきます。間違えやすいポイントや質問が多く出たところだけは、蓑手先生が全体に共有しますが、それ以外は基本的に自分たちでどんどんがんばっていきます。

助け合いながらプログラミングが進む

　自分の IchigoJam でプログラムを組むことができたら、教室の四隅に置いてあるドローンのところへ行って、ドローンにプログラムを転送します。何人もトライしますが、授業終盤まで、ほとんど飛

試行錯誤の末、ドローンは見事に飛んだ

ぶことはありませんでした。蓑手先生も「やっぱり、難しいかな…？」と言っていましたが、児童は何度も何度もトライしていきます。みんなで試行錯誤をしていく空気が教室にできていることが、プログラミングを学ぶには絶対に必要だと感じました。

　途中、「先生！」と質問がたくさん出ていましたが、蓑手先生は、「わからないことがあったら、まず身のまわりの3人に訊いてみて」と言っていました。3人に訊けば、けっこうなことは解決したり、一緒に考えたり、ということができます。みんなで頭をひっつけて考えるのがいいな、と思います。

　そして、授業の最終盤に、ようやく一人ドローンを飛ばすことができました。「できた！飛んだ！拍手！」と蓑手先生。教室も盛り上がります。

⦿自律して、必要なことを自分で考えて学ぶ算数

　算数の時間の最初には、「なんのこれ式」というプリントを実施します。「なんのこれ式」には、1、2、3、4、5…」と数字が縦に並べて書いてあり、その横に積がその数字になる式をすべて書いていく、というプリントでした。「1 ＝ 1 × 1」「2 ＝ 1 × 2、2 × 1」…「4 ＝ 1 × 4、2 × 2、4 × 1」のように書いていきます[7]。

　すべて書き終わったら、「はい！」と大きな声で言います。すると、そこで蓑手先生がタイムを読み上げるので、そのタイムをプリントに書いていく、というものでした。自宅で練習してくる児童もいるらしく、すごく速い子たちもいました。

　「なんのこれ式」が終わった人から、ノートを開いて授業の準備を始めていきます。蓑手先生は、そんな子どもたちを見ながら、「時間はみんなに平等。自分で作り出すもの」とメッセージを伝えていました。

　蓑手先生は、授業の最初にスクールタクトを使って教科書の内容をざっと解説をしました。教科書の中で、「48 ページの力だめしがいい問題なので、ぜひ挑戦してください。すでに終わっている人は計算ドリルを進めて

一人 1 台の環境があっても、先生が授業を作っていく

7　この実践は、「教育の鉄人」として著名な、杉渕鐵良氏の実践だそうです。
8　eboard とは、NPO 法人 eboard が提供している映像授業とデジタル問題集を組み合わせた 基礎から学習ができる ICT 教材。

ね。プリントもあるので置い
ておきます。自分で eboard [8]
を見る人もいますね。それで
もいいですよ。」と言います。

　何をやってもいい、という
授業になっていますが、到達
するところは決められていま
す。蓑手先生は、「来週の月曜
日にテストがあるので、力だ

一人１台あるからこそ、自学する環境ができている

めしまでは終わらせましょう」と言っていました。到達する目標は明確に
なっていて、力だめしがすでに終わっている人は、先の単元を学習してい
る子もいるし、テストに出そうなところを復習している子もいます。自分
で、どこを学ぶかを決められるようになっていました。

　教室を見て回ってみると、児童は自分の進度に合わせて学習を進めてい
ました。

　さっきの「何のこれ式」を、Chromebook で自分でストップウォッチを
出して時間を測ってやっている子がいました。先生に測ってもらわなくて
も、自分で Chromebook で計測することができれば、何度も繰り返して
挑戦ができます。

　蓑手先生からクラスの児童へ向けた「○○をしましょう」という指示は
ほとんどありません。教科書の内容の説明についても、最初だけなので量
は圧倒的に少ないと感じられます。席も自由で、隣の子と意見交換しつつ、
教え合ったりする様子も見られます。でも、ふざけている様子もなく、み
んな自分で学んでいます。自学する環境ができています。みんなが「手を
動かしている」のが素晴らしく、学びの個別化が実現できていると感じま
した。

　途中、一人が「先生、これ、教科書間違ってない？」と蓑手先生のとこ
ろへやってきました。話を聴いてみると、筆算で商をたてていくときに、
空位を飛ばして考えてしまっているようでした。蓑手先生は黒板に問題

を書いて、一緒に解きながら説明を
していきます。すると、「あ、そう
いうことか！」と納得した様子でし
た。こうした質問に対する受け答え
の場面は、一斉授業をやっていると
なかなか出てこないだろうな、と思
いました。こうして自分のわからな
いところを、納得いくまで先生に説
明してもらえるのも、学びの個別化
によってもたらされるひとつの学び
の場面ではないかと思います。

一斉授業中心ではなかなかできない質疑応答も
可能になる

　テストは単元ごとに行われ、スケジュール表でいつテストが行われるの
かも児童には伝えてあるので、そのテストのための準備をいつから始める
のか、ということも含めて、自分たちで自由に進度を決めているそうです。
eboard を使ってどんどん先の単元に進むこともできるので、すでに 6 年
生の単元まで学んでいる子もいるそうです。

　「単元テストの点数が悪かったら、直前の授業では思い出すために、戻っ
てやっておいたほうがいいな、と自分で考えるようになる」「先生がやり
なさい、と言ったものを解いて点数が取れても意味はない。自分で決めて
テストが悪かった方が学びが大きい」と蓑手先生は言っていました。そう
して、自分で学びを設計できるようになっていくのだと思います。

　蓑手先生は「個別化によって子どもは楽しそう。学びが個別化されるこ
とによって、子どもたちは他人と比べなくなっていく」と言います。そも
そも違うところを学んでいるのだから、他人と比べる意味がなくなるから
です。蓑手先生は、全問正解の子には、「1 問も間違えなかったんだったら、
もう少しレベルが高いところをやったほうがいいんじゃない？」と言うそ
うです。それぞれがそれぞれの学びの目標を持つようになっていることが
わかります。

⦿ツールとして使いこなす社会

社会では、授業の最初から児童が Chromebook を使うことはありません。先生がロイロノートを使って、フラッシュカードのようにモニターに問題を表示していきます。蓑手先生がどんどんページを進め

モニターにフラッシュカードを出して、クラス全体で復習する

ていくと、1枚ずつ問題が表示されて、児童はみんなで大きな声で答えていきます。

テーマは、授業の中で扱う沖縄について、長野県野辺山原についてでした。沖縄の人々の暮らしや、沖縄と野辺山原で栽培している作物についての内容でした。ここで出される問題は、単元のなかで学習する内容すべてだそうです。つまり、まだ説明を受けていないことについても、問題形式で親しませておいて、あとで詳細について知ることができるようになっています。

フラッシュカードの問題に答えることで、基礎的な知識を復習してから、NHK for School[9] で「低い土地のくらしのとくちょう」を見ました。そこでは、問題の中に出てきていた、レタスの生

一人ずつインターネットで検索し、成果をオンラインで共有する

---

9 NHK for School は 2011 年度より使用されている NHK の学校向けコンテンツの総称。

産業者が、出荷量などと共に紹介されていました。

　NHK for School で見た情報を出発点にして、調べ学習をして、スクールタクトにまとめていきます。蓑手先生が用意した課題名は「自然条件と人々のくらし」でした。「インターネットで検索して調べてもいいし、教科書をまとめてもいいですよ」と蓑手先生は言い、その後は一人ずつが自分でどんどん調べて、スクールタクトに書き込んでいきます。

　調べているうちに、「2017 年は長野が出荷量 1 位じゃない」「ヤギを飼っているのはなんでだろう？」など、いろいろな疑問が出てきます。わかったことをどんどんスクールタクトにまとめていきます。ここでも、本当にみんな手が止まっていない、どんどん文字を入力していきます。とにかく

教科書を見て、自分でまとめる

検索キーワードを音声入力

みんなで話し合うことで学びが深まる

オンラインで成果を見て、さらに深めるよう先生は質問をする

アウトプット量がすごいと感じます。

　検索をするときに、音声入力を使って「酪農　要約」というキーワードで検索をかけている子もいました。テクノロジーを、自分の使いたいように使っている教室風景がそこにはありました。ここまで「何でも使っていい」という教室は、なかなかないと思います。

　クラスメイトが調べてまとめている内容を見ることもできるので（他の人のを見るのは、朝ノートでも毎日やっているので、習慣づいているのだと思います）、そこからもまたヒントをもらってまとめている人もいると思います。

⊙ICTを普段使いするということ

　前原小学校の5年1組の教室で使っていたChromebookは一人1台使うので、児童の名前のシールが貼ってあって、自分の端末となっています。

　完全に自分持ちの端末で、ラックもありますが、使っていないときにはラックに入れなくてはいけない、というのではなくて、電源の残量も含めて、自分で管理をすることになっているそうです。教室全体としてロックがかけられるようになっていて、外には勝手に持ち出さないようになっているそうです。ラックの上に3つも4つもChromebookが重ねて置かれていたりするのは、Chromebookが特別なものとしてではなく、文具として子どもたちに扱われている証拠と言えるのではないかな、と思いました。

　朝、児童が登校してくる前の教室の机の上に、Chromebookが置きっぱなしの子もいました。

　手元にいつもChromebookがあることで、授業中に動画サイトを見て

ラックの上に無造作に置かれている
Chromebook

いたりする子もいます。そう
したときには、蓑手先生は、「PC
（Chromebook）閉じておいて」
とだけ言っていました。普通
の授業中に、他のことをやっ
ているときにする注意と同じ
です。例えば、別の本を読ん
でいたら、「今はその本を読む
時間ではないよ」と注意をす
る先生は多いと思います。そ

いつでも自由に使えるようになっているからこそ、机の
上に置きっぱなしにもなる

れが動画サイトになっているだけのことです。

　動画サイトを見る子が出るから、といってそもそも動画サイトが見られ
ないようにしたり、ICT を自由に使わせない、という学校も多いですが、
蓑手先生のこの対応は個人的にはとても好きだな、と思いました。

　これくらい自由に使わせないと、利用する頻度が上がっていかないし、
頻度が上がらなければスキル（タイピングや検索など）も上がっていかな
いので、ぐっと我慢をして使わせて、むしろ動画を見ているよりもずっと
スクールタクトでクラスメイトの意見を読むのが楽しい、とか、そういう
ふうになるように授業をしているのだろうな、と蓑手先生のポリシーを感
じました。

4 プログラミング

 さとえ学園小学校「プログラミング」

　小学校 1 年生から一人 1 台を実現している小学校もあります。さとえ学園小学校では、2018 年から一人 1 台の iPad（セルラーモデル [10]）環境を実現し、学校生活のあらゆる場面で活用しています。2019 年 11 月 21 日に、さとえ学園小学校を訪問し、授業を見学させていただきました。

◉グループごとにテクノロジーに取り組む

　今回は、ラーニングコモンズで行われた 5 年生のプログラミングの授業をレポートします。ラーニングコモンズは、テーブルや椅子などを自分たちでもってきて、好きなように学びやすい環境を作れるスペースです。「学校は箱型の堅苦しい教室ではなくて、オープンな場を作ってもらいたい」「iPad やパソコンといったデバイスに学校や行政がお金をかけるのではなく、こういう子どもたちがワクワクする場にお金をかけるべき」と山中昭岳先生は言います。

　今回の授業は、「校内にあるビオトープの問題を発見し、その問題を解決するためにテクノロジーを使う」ことを目的にしています。さとえ学園小学校では、体験学習を重視しており、校内にビオトープがあります。

　慣れ親しんでいるビオトープを「場」として使って、テクノロジーを学ぶことは、子どもたちの日常とテクノロジーを繋ぐことになっていると思います。

　ラーニングコモンズに行くと、5 年生 3 クラスの児童がグループに分か

10　iPad には、セルラーモデルと WiFi モデルがある。セルラーモデルでは、SIM カードを挿して、3G や 4G、LTE の電波を使ってデータ通信ができるため、学校や家に WiFi 環境がなくても、携帯会社の回線を使うことで通信ができる。持ち帰りや校外学習での特別な設定がなくてもインターネットに接続できる。

れて、それぞれに活動をしていま
した。ドローン、Ozobot、mBot、
LEGO マインドストームなど、さ
まざまなプログラミング教材から、
「どのテクノロジーを使いたいか」
によってグループが作られている
そうです。

グループで教材を広げ、課題に取り組む

　床やテーブルに大きく教材を広
げて、みんなで頭をひっつけてど
うやって動かすか、どうやって問
題を解決するかを考えていました。
グループ内で、教え合いも起こっ
ていますし、記録を取る人、アイ
デアを出す人、それをロボットに
実装する人、とそれぞれに役割を
分担しながら、グループがチーム
として活動していきます。

グループ内での役割分担などもここから生まれる

　この日の授業のめあては、「ロボットやセンサーを動かそう」でした。
全員に見えるように、めあて・ルーブリック・集合時間がスクリーンに表
示されていました。この日のルーブリックは、以下のようなものでした。

S：プログラミングのスキルを
　　身につけることで、どんな
　　ことができるのか想像しな
　　がら、解決できるビオトー
　　プの問題とテクノロジーを
　　みつけることができる。
A：ただ、動かすことができる
B：プログラミング的思考（順序、

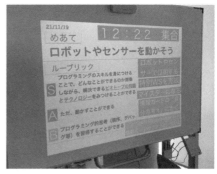

授業のめあてや集合時間はスクリーンに表示され
ている

デバッグ等）を習得することができる

　ルーブリックのＡは「ただ、動かすことができる」と簡単そうですが、それぞれの教材は、箱のまま児童に渡しているそうで、自分たちでそこからどうするのかを考えなくはならないそうです。一人の児童と山中先生が、「説明書を読みたいんだけど、英語なんですよ」「英語習ってるじゃん」というやりとりをしていました。

⊙問題解決のためだけでなく、課題設定のためのプログラミング

　ビオトープの問題解決を、プログラミングをする目的として児童に持たせています。こうした授業設計をしている理由を山中先生に説明していただくと、「課題設定」というキーワードが多く出てきました。

- ◆課題設定力を上げるための方法として、プログラミングを置いている。プログラミングでどんなことができるのか想像する。
- ◆プログラミングは、問題解決のためだけではなく、課題設定のために使う。
- ◆新しいテクノロジーを得られたからこそ、今までの自分の中にはなかった新しい課題を創り出す。

　ある児童が書いていたワークシートを見ると、ビオトープの課題として、「外来種がいること」と書かれていて、その課題をテクノロジーでどう解決するかを考えていました。

　ラーニングコモンズのテーブルは、ホワイトボードにもなっているので、マーカーでビオトープの地図を描いて、そこに解決策などを書いているグループもありました。

テーブルがホワイトボードになっていて、課題の解決策を考える

テーブルに描いた内容については、グループ内で「写真とった？」「撮っとく」というようなやりとりがされて、iPad で写真を撮っていました。こうしてグループで考えた内容をデータとして、自分たちで管理しているようです。こうした、大人が普通にデジタルを使ってやっていることを、子どもたちが普通にできるのも、一人 1 台 iPad を持っているからこそだと思います。

◉デジタルポートフォリオに 自己評価を書き込む

授業の最後には、デジタルポートフォリオ[12] に児童が書き込みをします。QR [13] コードを読み込むと、ルーブリックが表示されて、自己評価ができるようになっています。

QR コードを iPad で読み込んで、自己評価する

自分の感想と、友達の感想を書き込みます。書いた結果は、自動的にスプレッドシートに集約できるようになっているそうです。

◉ ICT を活用して常に評価 可能に

先生たちも一人 1 台の iPad を活用して、授業中にリアルタイムで

自分の学びを自分で書き込む

チェックしています。こうして毎回の授業のなかで、細かく評価をしたりチェックをしたりすることで、授業へのフィードバックが生まれます。情

---

12 児童の学習過程でできた作品やメモ・写真や図・電子ファイルなどの成果物を、コンピュータの中に蓄積したもの。
13 QR は株式会社デンソーの開発部門が発明したマトリックス型 2 次元コードで、スマートフォンやタブレットのカメラで読み込むことで、特定の URL などを開くことができる。

報を先生方の間で共有しているので、指導の方針などについてもチームとしての一貫性を持つことができると思います。通知表よりも、質も量も高い記録が残り、それを保護者に渡すことができるので、「これがうまくいくと、通知表をなくせる」と山中先生は言っていました。

先生も一人1台のiPadでリアルタイムで評価やチェックをする

⦿一人1台 ICT を使うためのレベルアップ制度という仕組み

　プログラミング以外にも、さとえ学園小学校の子どもたちは、一人1台のiPadをさまざまな場面で使っています。「良くないiPadの使い方をする子もいるのではないですか？」と山中先生に質問をすると、「いますよ、たくさん（＾＾）。何もしなければiPadは最高の遊び道具ですからね。私はホワイトハッカーを育てたい。そのためには多少の悪さも必要。でも悪さは悪いこととして指導します。悪さをする子たちは好奇心旺盛で、悪さではなく、人の役に立つことをみつけるようにお願いするとおもしろい活用も見つけてくれます。iPadは自己コントロール力を身につけるために役に立ちます。だからこそ一人1台、一人ひとりが誘惑にたまに負けたりしながらも、自分をコントロールすることを小さい頃から学んでもらうために必要なんです」と答えてくれました。

　ただ、さとえ学園小学校では、「どんな使い方をしてもいいです」と手放しで使わせているわけではありません。きちんとした使い方ができるように、システムを作っています。

　さとえ学園小学校の子どもたちのiPadを見てみると、壁紙のデザインが統一されていて、ブルーやゴールドなどのようにカラーリングされていることがわかります。

　これは、さとえ学園小学校オリジナルのレベルアップ制度での、その子

たちのレベルを示しています。例えば、「ブルー以上は、AirDrop [14] などの便利な機能が使える」というふうに設定されているのです。

　基本は、グリーン→ブルー→ゴールドの3つのレベルになっています。ゴールドはさとえ学園小学校全校でも、5人しかいないそうで、6年生3人、4年生1人、3年生1人という内訳だそうです（2019年11月21日現在）。

　それぞれのレベルによって、できることとできないことが決まっています。以下がその表です。

iPadの背景でレベルを表している

レベルによってできることが設定されている

レベル	できること
グリーン	カメラ撮影 /AirPlay/ スクリーンショット パスコード6桁 / スクリーンタイム /Safari/App 4+ コンテンツ・フィルタ
ブルー	AirDrop/Apple Books パスコード4桁 / AirPrint/ ロック画面に表示 /App 12+ コンテンツ・フィルタ ラーニング・コモンズに入ることができる
ゴールド	FaceTime/iMessage/Siri Touch ID 指紋認証 /App 17+ コンテンツ・フィルタ ラーニング・コモンズのプログラミングキットを使うことができる 休み時間自由に活用できる

14　AirDrop とは、近くにある Apple のデバイス同士で写真や位置情報、URL などさまざまなデータを送受信できる機能。

2019 年 10 月末から、この下に、イエローとレッドが作られたそうです。イエローだと、「学校外（時間制限をかける）：宿題と連絡のみで活用するアプリのみ可能」、レッドだと「ずっと：宿題と連絡のみで活用するアプリのみ可能」となっているそうです。

レベルアップ型ルールは、保護者にも共有されている

　このレベルアップ型ルールは、保護者の方も含めた学校全体で共有されています。Evernote[15] 上に共有事項がアップされていますので、保護者も含めて、みんなで正しく iPad を活用していけるように環境を作っていることがわかります。

　よくない行いがあったりするときには、随時レベルダウンが行われるそうです。一方で、レベルアップのためには、決められているスキル＆モラルチェックテストで合格し、さらに先生のチェックも受けなければなりません。

　こうしたレベルアップ制度も、一人 1 台の iPad を子どもたちが使いこなせるように整備しているものです。

15　Evernote とは、エバーノート株式会社が提供する、ノートを取るように情報を蓄積するソフトウェアないしウェブサービスである。

京都教育大学附属桃山小学校「メディア・コミュニケーション科」

学校に ICT が入り、使う頻度が上がっていくと、ICT を通じて扱う情報の量が大幅に増えていきます。そのため、情報活用能力を学ぶ必要が出てきます。2019 年 2 月 6 日に、京都教育大学附属桃山小学校を訪問し、木村明憲 先生が担任されている、5 年生のメディア・コミュニケーション科の授業を見学させていただきました。

⦿情報活用能力を具体的に伝えるパワーチェックカード

京都教育大学附属桃山小学校では、国立教育政策研究所の特例措置校として、新教科「メディア・コミュニケーション科」の開発研究をしています。メディア・コミュニケーション科では、1 年生から 6 年生までで情報活用能力を高めるカリキュラムを設計して実践しています。オリジナルの教科書も作成し、他教科との連動を行うことで児童たちの情報活用能力を高めていくことを目指しています。

木村先生のクラスでは、情報活用スキルがカードになっていて、そこに

シンキングツールもついている「パワーチェックカード」を印刷・ラミネート加工して、児童がみんな下敷きとして使っています。下敷きとして常に持って

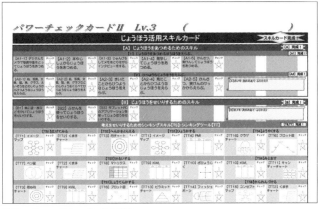
パワーチェックカード（3年生）

いるので、情報活用能力を児童がいつでも参照できます。クラスでの活動や自主学習を始めるときに、どんな活動をすればいいのか、自分ですぐにチェックできるようになっています。

　このように活動のポイントをわかりやすく示しておくことで、児童が「どんなことをしたらいいのか？」ということに対する指針とすることができます。

　パワーチェックカードを活用することで、児童は、学習する方法と学習の進め方がわかるようになります。例えば、インタビューをする活動を始める前に、クラス全体で、情報ハンドブックの「A 情報を集める」→「ア . 情報を集める方法を選ぶ」→「4. インタビューをして（聞いて）」と順に見ていくことで、どのような学習をすればいいのかがわかるようになります。

　「すべての児童の情報活用能力がすぐに伸びるわけではありませんが、継続的に活用することで、すべての児童に効果が現れます」と木村先生は言います。

⦿パワーチェックカードを使って、情報活用能力を学びに入れていく

　見学した授業では、9 班に分かれて調査をしてきていて、それぞれの班でデータをまとめているところでした。この時間では、各班でのデータのまとめ方を交流しました。

　学習のめあてとして、木村先生は「友だちの班の提案から自分の班に生かせることをみつけよう」「友だちの班の提

パワーチェックカードのなかから、めあてをクラスで話し合って決める

案にアドバイスしよう」を挙げました。これは、児童が持っているパワーチェックカードでは、D-3.2「助言し合う」にあたります。先生が挙げる

めあては、手元にあるパワー
チェックカードで自分たちで
も確認できるようになってい
ます。

⊙ ICT で情報を分析する

　各班で、アンケートなどの
データをまとめているのを見
ると、児童は学校に落ちてい
るゴミの数を廊下や特別教室
など分類ごとに数えてデータ
を集めたり、ロイロノート・
スクールでアンケートを配布 /
回収してデータ取りをしたり
していました。また、調査で
得たデータは iPad で使える表
計算アプリ「Numbers」を使っ
て集計し、表やグラフにして

iPad でデータを集計する

それぞれの班でやり方を相談したり、教え合ったりする

Keynote [16] やロイロノートに貼りつけてプレゼン資料を作成しているそう
です。

　各班がそれぞれのやり方でデータをまとめているので、Numbers での
データの整理の仕方や、Numbers での合計の計算の仕方などについては、
それぞれに自分で調べたり先生に訊いたりしていたので、他の班へ行って
方法を交流することで、自分の班に持ち帰れるようにする、という授業で
した。

　iPad で Numbers を使ってデータを加工している様子は、これまであ
まり見たことがなかったので新鮮でした。「表計算については、やはり PC

16　アップルが開発している、macOS/iOS 用のプレゼンテーションソフトウェアである。Pages、
Numbers とともに iWork スイートを構成する。

がある方が便利では…？」
となんとなく思っていた
のですが、iPadでも表を
作ったり計算をしたり、
発表資料に表を貼り付け
たり、子どもたちなりに
どんどんできることを増
やしているようでした。

探究的な学習にデータの整理は重要なスキルとなる

　　データの中身について
のディスカッションもされていました。合計（sum）や平均（average）
などの数式も積極的に使っていました。データをもとに、どのようなこと
が言えるのかということをグループで話し合うことができているのはとて
もよかったと思います。また、「ある条件にあうものだけを数えるやり方
（countif）があるはずだけど、やり方がわからない」というような質問も
受けました。どんどん自習して、新しいやり方を身につけているようでし
た。

　　木村先生は「探究的な学習において、子どもたちが何かを提案する際に
は、しっかりと調査をし、データを取った上でそれを根拠として主張を述
べることが重要である」と話していました。そのためには小学生の間から
表計算ソフトやプレゼンテーションソフトを使えるようにするための指
導、いわゆる情報活用能力を育成するための指導が必要であると思いまし
た。

　一人1台のICTをもつことで、思考や表現の道具としてICTを活用できるようになります。最も基礎的な力である「書く力」を育む授業にICTを活用している事例も増えてきました。2018年10月11日に、筑波大学附属駒場高等学校の澤田英輔先生が教える高校2年生の現代文の授業で行われたライティング・ワークショップ[17]を見学させていただきました。

⊙ Google Classroom を使ってライティング・ワークショップ

　授業が行われたのは図書館で、生徒はスマートフォンやChromebookでG Suite for Education[18]を使って受講していました。

　澤田先生の授業では、Google Classroom[19]のアンケート機能を使って、作文の進捗を先生に報告するようになっていました。「今日の予定を選んでタップしてください」という質問に対して、自分の状況を選択するだけで、先生の方でクラス全体の状況を見ること

授業内容はホワイトボードにまとめられている。

17　ライティング・ワークショップは、澤田先生の訳書『イン・ザ・ミドル ナンシー・アトウェルの教室』(三省堂　2018年)で紹介されている、「書くこと」の実践的な活動。
18　G Suite for Education は、Google が提供している、教育機関およびホームスクール向けにカスタマイズされた Google のツールおよびサービスの無料パッケージ。教育機関を対象に、世界的に展開されている。
19　Google Classroom は、Google が学校向けに開発した無料の Web サービス。課題の作成、配布、採点をペーパーレス化、簡素化することを目的としている。教師と生徒の間でファイルの共有などができる。

ができるようになっています。
「ここまで進んでいます」とい
う状況報告だけでなく、「助け
がほしい（＝先生とのカンファ
ランスを希望する）」というこ
とを表明することもできるよ
うになっていました。

今回見学した授業では、自
分のスマホを利用することが

作文の進捗をオンラインで先生に報告する

できるので、スマホから入力している生徒もいましたし、自分の PC を持
ち込んでいる生徒もいました。自分の好きなデバイスで作業をすることが
できるのが、この授業の特徴だと思いました。

⦿先生も「書き手＝作り手」になる活動

その後、配布した 2 枚のプリントを使って、「編集会議」の意義と進め
方について説明するミニ・レッスンを行いました。「文章が良くなるには、
一度書いた自分の文章を推敲できるかどうか。前日にやっつけでは、自分
の文章を見直ししない。ここからが文章を書く力を伸ばすために重要」と、

澤田先生は生徒に説
明をしていました。

編集会議の意義と
進め方がわかったら、
次に、澤田先生自身
が書いている文章の
下書きをプロジェク
タで投影します。先
生が書いた文章を最
初に読んでもらって、

先生が書いた文章をプロジェクタで投影し、みんなでレビューする

47

それから全体で編集会議を行いました。

　澤田先生からは、「ここで"勇敢な男"のイメージを書けているだろうか？」「ここの表現は自分では、よく書けているかな？と思ったんだけど、かっこよすぎるだろうか？」というふうに、書き手として具体的な質問を生徒たちにしていました。澤田先生は、質問をしたい箇所にアンダーラインを引いて共有します。

　生徒たちからは「けっこう伝わっていると思います」「定番の表現から逸脱している感じ」「俳句の切れ字っていう感じで使うなら OK」などのコメントが出ました。先生は、もらったコメントを書き込んでいきます。

　また、澤田先生は、「書き手は不安だから、"ここがよく書けている"も、ぜひ言ってください。できていることをきちんとコメントするのは大切です」と言っていました。書き手としての澤田先生がそこにいて、同じように文章を書いている生徒たちと対等な感じでやりとりをしているのが印象的でした。これで、この後に続くライティング・ワークショップの形を、先生自らが書き手となることで生徒たちに見せていることになります。こんな作文指導は見たことがなく、非常に興味深かったです。

◉一人ひとりが個人として集中して書く活動とカンファランス

　ミニ・レッスンが終わると、生徒たちはいよいよ書く作業の時間となります。今回見学した授業では、生徒たちは自分の主張や発見を伝える文章（ジャンルでいうとノンフィクション）を書いていました。この文章は、最終的に作品集としてまとめられるので、そのときに 2 ページになるように文章を書くそうです。

自分のペースで、自分の書きやすいように作文に取り組む

生徒たちはそれぞれ思い思いの場所で、思い思いの姿勢で文章を書くプロセスに入りました。今回見学させていただいた授業では、だいたい25分くらいが、書く作業の時間としてとられました。

図書館の中には、畳が敷いてあるスペースがあり、そこ

それぞれが自分で書く作業に集中できる場所で書く

に円卓が置かれていました。この円卓の上で文章を書いている生徒もいました。それぞれが自分で書く作業に集中できる場所を選べるのはいいと思いました。

書くことに苦しんでいる生徒もいるそうです。「いちばんの難関は、何を書くかを決めるところ。ディスカバリー・ライティング（自分に発見をもたらすような書く経験）を勧めている。書く経験を通じて、自分に何か発見があるようなライティングの経験をしてほしい」と澤田先生は言っていました。

書けない生徒には、アイデアの捉まえ方（本棚をぶらつく、メモを書く、しゃべる、など）を伝えて、黙って座るよりはどんどん書いていく（＝アウトプット）を薦めることが多いそうです。

アイデアをノートにメモすることを澤田先生としては推奨しているが、スマホでやっている生徒も多いそうです。このあたりは、慣れの問題なのか、実際に何か違いがあるのか、思考や表現手段の多様性の問題なのか、興味はあります。授業を見ていて、途中でスマホを見ている生徒がとても多いと思ったのですが、そうした理由だったのかと理解できました。こうした思考手段と表現手段の多様性を認めている授業のスタイルがとてもいいと感じました。

⊙ ICT でカンファランス をサポートする

澤田先生は、前回の授業までの生徒の進捗状況を、生徒のふりかえりである「大福帳」を元に iPad mini に記録し、それを元にして、個別の生徒相談（カンファランス）に行く

オンラインの進捗報告を見ながら、生徒相談を実施する

生徒をある程度考えています。Google Classroom で集めたデータは、この大福帳の記録を補う目的で使っています。先生は教室を回り、生徒たちとカンファランスをしていきます。このカンファランスは、ライティング・ワークショップにおいて、非常に重要な意味を持っています。周りの生徒たちの集中をそらさないように、小さな声で個別にカンファランスは行われます。カンファランスでは、生徒が文章を澤田先生に見せながら、感じていることを話します。文章ができてくると、質問も具体的になるので、カンファランスはだんだん長くなるそうです。だいたい 1 回の授業で 10 〜 15 人とカンファランスをするそうです。

見ていたカンファランスの中では、生徒の「僕の個人的な思いですけど…」というポロッと出た言葉に対して、澤田先生が「それこそ、君が考えたことであり、価値があることだよ」と伝えていました。こうして、一人ひとりの背中を押してあげるカンファランスは、生徒たちにとって非常に価値のある時間ではないかと思いました。

澤田先生が訳された『イン・ザ・ミドル』の中で、著者のアトウェルはライティング・ワークショップの中で、生徒に概念の本質が伝わるオリジナル用語を使うと書かれています。例えば、「それで？の法則」「一粒の小石の法則」「骨まで削ぎ落とせの法則」などのオリジナル用語が紹介されています。

澤田先生はカンファランスのなかで、「語る主語を小さくする」「問いが

明確」「ちゃんと定義している」などのコメントを返していましたが、こうした言葉はアトウェルのオリジナル用語を思い起こさせるものでした。

　また、内容だけではなく、「文末が単調にならないようにするために、音読してみたらいいよ」などのような具体的な手法もアドバイスされていました。

　ある生徒に対して、文章を読んだ澤田先生が「（あなたは）理性の人なんだな、と思う文章だね」とカンファランスの中で言葉をかけていました。作文から、書き手の性質にまでコメントが及ぶカンファランスが生徒たちに与える影響は、ライティング・ワークショップを継続すればするほど大きくなるだろうと感じました。

　先生と生徒のカンファランスだけでなく、生徒同士がそれぞれの文章を読み合い、感想を言う編集会議も、あちこちで行われていました。同じファイルを開いて読める Google ドキュメントによって、簡単にこうしたこともできるようになっています。先生は、「書いたものは消さないように」と常に言っているそうです。編集会議やカンファランスを行うごとに生徒はどんどん書き直していきますが、その履歴もクラウド上に残すことができるのも、G Suite for Education を使っている利点だと思います。

先生は教室を回り、一人ひとりとカンファランスをする

ファブスペース

工学院大学附属中学校・高等学校

　一人 1 台の ICT を配備されれば、授業を行う教室だけでなく、他の学校施設も含めて整備を進めていく必要があると思います。2019 年 10 月 4 日に、工学院大学附属中学校・高等学校の図書館を訪問し、有山裕美子 先生にお話を伺いました。

◉図書館にファブスペースを設ける

　図書館に入ってすぐのところに、ファブスペース[20] が設けられていました。ファブスペースは、グループでの話し合いや、スクリーンを使ってのプレゼンの練習、大きな紙を広げての作業や、いろいろな道具を使ったり本を広げた学びなど、あらゆることができる場所と想定されています。

　なぜ図書館にファブスペースを作ったのですか？と質問すると、「図書館の中にファブスペースを作ったいちばんの理由は、学校図書館は学びのプロセスを支える場所であり、あらゆる情報が集まる図書館の中で、いろいろなアウトプットが可能になったらよいの

図書館に入ってすぐのところにあるファブスペース

20　ファブスペースとは、アナログ・デジタル工作機器が利用可能な施設のこと。

ではないかと思ったからです」
と有山先生は言います。

ICT ツールにいつでも触れられる

　また、図書館という誰もが
利用できる場所にファブス
ペースがあることで、興味の
ない子が見ることができたり、
3D プリンタ[21] などのデジタル
工作機や ICT ツールを知るこ
ともできるようになります。

　ファブスペースは部活動を
するスペースですが、いつで
も来られるようにオープンに
なっています。有山先生は、
このファブスペースを「ここ
に行くと問題が解決できる場
所。思いついたらすぐできる
場所」と表現していました。

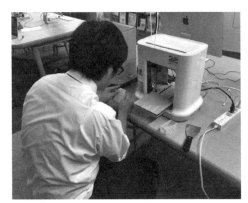

3D プリンタで自分の作品を出力できる

　すでにさまざまな問題解決
をこのファブスペースで行っ
ています。例として、3D プリンタの活用を見てみると、例えば、文化祭
の模擬店で焼くクッキーの型をオリジナルで作りたいということで、3D
プリンタでクッキーの型を作りました。また、棚に合うちょうどいいパー
ツを、サイズを測って作りました。

　こうした、市販はされていないがあれば便利なものを、校内で自分たち
で作って問題解決できるというのは、まさしく書籍『MAKERS』[22] で紹介
されていた世界だと思います。また、生徒たちにとってこうした体験は、

21　3DCAD、3DCG データを元に立体を造形する機器。
22　クリス・アンダーソン『MAKERS―21 世紀の産業革命が始まる』（NHK 出版 2012 年）

「自分たちでできる」という自信を深めてくれるものだと思います。

3D プリンタを使うときは、事前に利用を申し込むようになっています。申込用紙もファブスペースの棚に用意されていて、そこに必要事項を記入して、先生から OK をもらうと 3D プリンタを使うことができるそうです。

「デザイン思考」の授業で、「誰かの役に立つものをデザインしよう」という課題が出たときに、机にひっかけて消しゴムのカスを回収するものをデザインし、3D プリンタで作成したそうです。

他には、スイカを食べるときに種をとるのがきらいという生徒が、スイカの種をとる器具を作ったと、有山先生に動画を見せてもらいました。「スイカの種をとるのがきらい。そこを何とかしたい」という自分の動機から、問題解決をしています。

3D プリンタを使うときに書く申込用紙

課題を解決するものを自分でデザインし、作成できる

問題解決のために、自分で 3D プリンタで使えるようになる

こうして、自分たちのアイデアをすぐに形にできる場が学校にあるのは素晴らしいと思います。

　生徒たちは、3D プリンタ以外でも、「どんどんものを作って発信していきたい」と言っていました。ICT を活用すれば、どんどんできることは増えていきます。

　工学院大学附属中学校・高等学校の図書館は、書籍ですでにある知識を得る場というだけではなく、自分たちで作り、発信する場にもなっています。プログラミングや 3D プリンタなどのデジタル系だけでなく、絵や言葉を創造し、発信していくこともできるようになっていくと思います。図書館が、それぞれの得意なところを出し合って、何かを作り出す場になりつつあると思います。

これからの授業づくり
育てたい力のアップデート

◉学力から資質・能力へ

　「学力」は、現代社会を生きる基礎的な力であり、文化・学問を体系的・系統的に整理したものでもあります。従来の学力観の前提には、社会は順調に漸次的に（だんだんと）発展していく社会という認識がありました。総論でみたように、社会は急激に変化しています。変化する社会に柔軟に対応できる力をめぐって、キー・コンピテンシー、21世紀型能力、非認知能力など、さまざまな概念が登場しました。OECD（経済協力開発機構）による2030年に向けた学びの枠組み（図1）では、「新たな価値を創造する力」「対立やジレンマを克服する力」「責任ある行動をとる力」を掲げています。新学習指導要領では「資質・能力」と呼んでいます。実践事例の中でどんな資質・能力の育成を目指しているのか見てみましょう。

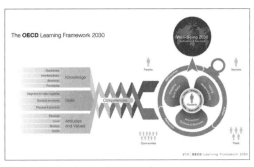

図1　OECD の Learning Framework

◉学習の基盤となる資質・能力

　実践事例報告⑤木村先生の「データの整理」の授業と、報告⑥澤田先生の「ノンフィクションを書く」授業を取り上げます。一般的な学校の教科で言えば、それぞれ算数と国語です。しかしながら、算数では決まった手続きを学ぶのではなく、データを前にどんな手法が適切なのかをアドバイスしあっています。国語では、図書館の本棚をぶらついたり、友だちと話

したりしながら、自分にとっての発見を探しています。未知の状況（ここではデータ）に対して、自分の持っている知識や技能を活用することや、豊富な情報（ここでは本棚や会話）から自分にとって価値ある情報を見つけることが学びの中心にあります。

このような学びは、社会科で統計資料を読み解くときにも、自分の進路を考えるときにも役に立つでしょう。新学習指導要領では「学習の基盤となる資質・能力」として言語能力、情報活用能力、問題発見・解決能力の３つを例示しています。木村先生の授業は情報活用能力の、澤田先生の授業は問題発見能力、情報活用能力の育成例です。タブレットやPCを子どもたちが使えば学びがアップデートされる訳ではありません。どんな力を育てたいのかをアップデートした上で、道具の使い道を考えてみましょう。

⊙教科の学力とつなぐ

木村先生、澤田先生の授業は、学習の基盤となる資質・能力を育てる授業であると同時に、やはり算数の授業、国語の授業でもあります。資質・能力のために特別な時間がある訳ではありませんから、各教科・領域の時間で育てます。木村先生の授業では平均の求め方やグラフの表し方、澤田先生の授業では、文章の構成や語彙の学びとつながっています。学習の基盤となる資質・能力は、各教科の学びと地続きです。

資質・能力の面からみると、①単一教科で育てる、②教科を連携させて育てる、③総合的な学習（探究）の時間と連携させて育てるなど、さまざまなアプローチがあります（図２）。育てたい力を目指して、教科・領域を横断的にとらえ、学びの地図を描くことがカリキュラム・マネジメントの第一歩です。

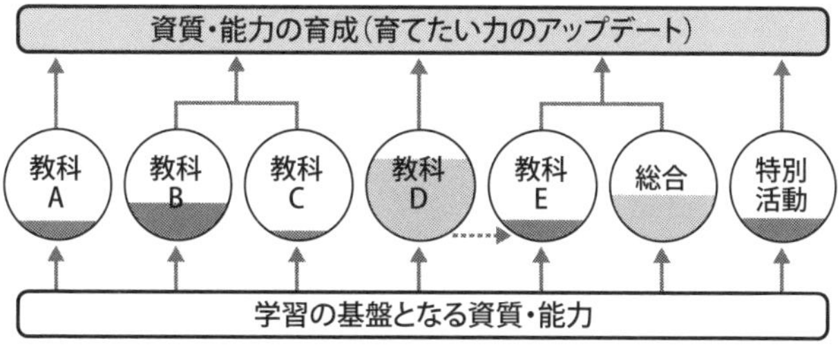

図2　資質・能力とカリキュラム・マネジメント

学び方のアップデート

⊙学習形態とテクノロジーの役割

　一人で学ぶ、グループで話し合う、クラス全体で交流する。普段の授業にはさまざまな学習形態が組み合わさっています。一人１台環境が実現したときにどのような学び方が行われるのかを整理した表が 2013 年に文部科学省「学びのイノベーション」事業の成果としてまとめられています（表１）。一斉学習、個別学習、協働学習の３つの形態それぞれで一人１台をどう活用するか 10 の分類が示されています。YouTube チャンネルでは分類ごとに実際の授業場面の映像を見ることもできます。

表１　一人１台環境の学習活動分類（文部科学省 2014）

⊙学びのプロセスを描く

　一人１台の学習場面をただ並べるだけで授業が成立することはありません。育てたい力（学習目標）に対して、そこにたどり着くまでの単元のプロセス（道のり）を描き、学習場面を位置付けていきます。表１の分類をもとに実践事例報告①齊藤先生の社会科の実践を見てみましょう。

　歴史の学習のふりかえりとして、江戸時代と明治時代を大観する要素を

見つけ出すのが課題です。これまでの学習内容を思い出しつつ、教科書、資料集、ウェブサイトから情報を集めます（B2：調査活動）。江戸と明治でそれぞれペアをつくって情報を整理しながらプレゼンテーションを制作し（C 2：意見整理、C3：協働制作）、グループで発表、アドバイスしあいます（C1：発表や話し合い）。一人１台の活用場面だけでも個別と協働が組み合わさっていますが、実際には教科書や資料集、ルーブリックなどの紙資料も使います。大きな課題に対して情報を集め、整理・分析し、まとめるまでの探究のプロセスを想定し、学習形態をイメージして展開を検討します。生徒たちは何度もこの流れで学び、その都度、一人１台を活用しているので、収集や共有の道具として生徒たちは自然に活用しています。

⊙個別最適化を組み合わせる

　一人１台環境は、個に応じた学びの実現にも役立ちます。AI技術等を取り入れたドリル教材が急速に発展しています。適応学習（アダプティブラーニング）とも呼ばれ、自動で採点するだけでなく、子どものつまずきを解析し、最適な問題を出題することもできます。実践事例報告②大堂先生の実践では「円と多角形」の学習に適応学習教材を組み合わせました。

　単元の導入でレディネステストを適応学習教材で行い、その結果をもとに４グループの習熟度別にします。習熟度に応じて教師の関与と児童が自律的に学ぶ割合を違えることで、教師の指導リソースを低位群の習得に集中させています（B1：個に応じた学習）。標準的な時数から１時間短縮した分は発展的な課題を出題し、解き方を伝え合う（C 1：発表や話し合い）場面では授業支援ツールが活用されました。

　一人１台の端末により、関心に応じて資料を集めたり、自分のペースで学習したりする時間が増えます。協働が深まる多様な情報の組み合わせや、習得したことを活用できる課題を設定するためにも、１時間の授業展開から単元を通した単元設計へとデザインの視点をアップデートしましょう。

これからの授業づくり
学習環境のアップデート

◉学習環境としての一人1台とクラウドサービス

　授業、学び、学校の３つをベン図に表してみてください。授業は学校の中に入ると思いますが、学びはどうでしょうか。家庭や塾、日常生活にある学びも含めれば、授業や学校よりも広い概念です。従来のICT活用は教室の中、授業時間の中でどんなテクノロジーをどう使うかを（主に教師が）工夫してきました。一人1台環境は、文房具のように一人ひとり専用の端末ですから、授業あるいは学校を飛び越えて活用される可能性があります。BYOD(Bring Your Own Device)と呼ばれるように、家庭で端末を用意し、学校に持ってくる学校も増えています。あるいは、学校と家庭で別の端末を使うにしても、クラウドサービスのアカウントさえ持っていれば、別の端末でもいつでも、どこでも学べる環境が実現します。一人1台やクラウドは、授業時間あるいは学校という枠から学習環境を拡張します。

◉教室の日常を変えるテクノロジー

　実践事例報告③蓑手先生の実践は、朝の健康観察を一人1台環境に置き換えた興味深い実践です。教員からの一方向の確認ではなく、児童間の交流の機会としています。座席位置や普段の友だち関係で固定しがちな

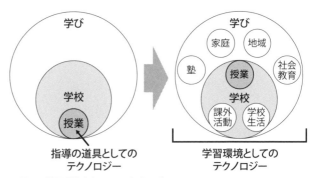

図3　学習環境としてのテクノロジー

ところを全児童の様子をお互い知る機会になります。机の配置をコの字型にしていることで、顔をあげると友だちの様子が見えやすくなっていて、対面の交流を妨げない配慮がされているところもポイントです。

　一人１台環境は、授業時間以外にも活用できます。学校・教員と児童生徒・保護者間の連絡、課題の提出などに活用している学校も増えています。地域、塾、社会教育の現場でも活用されています。テクノロジーが学習環境全体を支え、その中に授業「も」ある構図へとアップデートされていきます（図３）。

⦿学校はどんな場所になるのか

　2020年３月、新型コロナウィルスの感染拡大に対応して、全国一斉の休校措置がとられました。その際、多くの教育企業が教材、個別最適化サービス、授業映像などを無償でオンライン配信しました。通信制の学校や不登校の児童生徒への支援等も考えると、学習環境としてのテクノロジーは、学校の代替環境としての役割を果たしていくと考えられます。

　一方、学校という建物の中でテクノロジーを活用する新しい価値を提案しているのが実践事例報告⑦有山先生の実践です。図書館は従来から情報アクセスの拠点でした。図書資料に加え、メディアやウェブ検索もできるメディアセンターとしての役割が期待されてきました。近年では情報へのアクセスだけでなく、情報を生み出す場所として注目されています。有山先生が図書館内に設けたファブスペース（ファブラボ、メイカースペースとも呼ばれます）には、3Dプリンタが設置され、いつでも使用できます。図書やネットで調べ、ひらめいたアイデアをカタチにする、一連の流れを図書館内で実現できます。

　こうした動きは公立図書館にも広がりつつあります。従来、コンピュータ室は授業のときだけ使用される特別な環境でした。一人１台とクラウドでコンピュータへのアクセスが自由になった今、情報そのものにアクセスし、新たな価値を生み出す場所として、学校図書館をアップデートしていくことが、学習環境としての学校の価値を高めます。

これからの授業づくり
情報時代の学校に向けて

⦿小規模アップデートか、大規模アップデートか

　学力から資質・能力へ、探究と個別最適化、学習環境としてのテクノロジーと3つの側面で学校がアップデートする方向性について、事例をもとに検討しました。学びに直結する部分を中心に取り上げましたが、教員の働き方改革、コミュニティスクール、チーム学校など、学校を取り巻く変化は多岐に渡ります。一方、少子高齢化が進み、児童生徒数は減少しているにもかかわらず、小中学校における不登校の児童生徒数は平成30年度で約16万5千人となり、前年度から約14%増加しています。10年後、20年後の学校はどのような姿になっているでしょうか。

　一般的に自動車は、小規模改良（マイナーチェンジ）と大規模改良（フルモデルチェンジ）を繰り返しながら商品をより良いものにしていきます。ソフトウェアでもマイナー（小規模）アップデートとメジャー（大規模）アップデートという言い方があります。学校を取り巻く改革の嵐は、大規模アップデートがあらゆる面で進行中であることを意味しています。

⦿やがてくるパラダイムシフトに向けて

　変化を表す言葉としてパラダイムシフト（paradigm shift）という概念があります。天文学で言えば天動説から地動説のように根本的に考え方が変わることを言います。学校で言えば、寺子屋から学校への変化は教育制度のパラダイムシフトです。戦前から戦後への変化は教育観のパラダイムシフトと言えるでしょう。

　学校の「次の姿」を巡る試行錯誤は世界各国ではじまっています。2018年に『情報時代の学校をデザインする』（ライゲルース＆カノップ著, 北

大路書房）を翻訳しました。第
１章に教育のパラダイムシフト
について整理されています。旧
来のパラダイムから新たなパラ
ダイムへの移行を交通手段の変
化を例に２つのＳ字カーブで示
しています（図４）。現在の学
校制度が確立したのは19世紀
後半、日本でいえば明治時代の

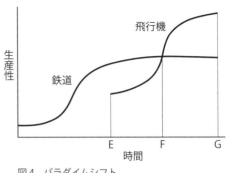

図4　パラダイムシフト

ことです。工業時代に誕生し、150年に渡って維持されてきた学校に対し
てアップデートが盛んに要請されているのは、パラダイムシフトの姿（図
４で言えば飛行機がどんなものか）が見えつつあるからです。

　現在の日本の学校教育は図４で言えばＥとＦの間にあります。従来の教
育が主流ですが、新たな動きも各地でみられます。とはいえ、図の縦軸の
通り、はじめは従来のモデルが優勢です。性急に結果を求めすぎることな
くチャレンジし続けた先に、新たな学校の姿が見えてくるはずです。

⊙情報時代の学校の姿

　『情報時代の学校をデザインする』で描かれているのは、学習者中心の
学校像です。子ども任せ、放任といった意味ではありません。工業時代の
大量生産モデルから、一人ひとりに真摯に向き合った教育へ。そのための
アイデアとして、①到達ベースのシステム、②学習者中心の指導、③広が
りのあるカリキュラム、④教師・学習者・保護者・テクノロジーの新たな
役割、⑤調和ある人格を育む学校文化、⑥組織構造・意思決定のシステム
の６つを挙げています。たとえば①の到達ベースとは、「○時間の授業を
受けたら学習した」とみなすのではなく、「○○の目標に到達したら学習
した」とする考え方です。当たり前のように思われますが、たくさんの子
どもたちを一斉に指導する学校で徹底するのは困難でした。個別最適化の
テクノロジーは大きな助けになると考えられます。

「②学習者中心の指導」の核になるのは探究です。2019年に米国カリフォルニア州の学校をいくつか視察する機会がありました。日本でも各地で上映されている教育ドキュメンタリー映画「Most Likely to Succeed」に登場するHigh Tech Highなど、複数の学校をまわりましたが、どの学校でも実践の中心にあるのは探究であり、中でも社会的な課題解決に取り組むPBL(Project-Based Learning)をカリキュラムの柱としていました。また、どの学校も一人1台の環境でしたが、使用するタイミングを教師が決めるのではなく、自分（たち）の学びを進める上で必要なときに必要なツールを使う、そんな姿が印象的でした。

2018年に文部科学省は「Society5.0に向けた人材育成〜社会が変わる、学びが変わる〜」という報告書を公表しました。「学校3.0」をキーワードに、現在の学校(2.0)からパラダイムシフトの方向性を示しています。GIGAスクール構想、中央教育審議会の「新しい時代の初等中等教育の在り方特別部会」、経済産業省が進める「未来の教室」ビジョンでも、個別最適化と探究の2つのキーワードが軸になっています。そしてこの2つを軸とした学びの場としての学校へと変化するために、教員の役割、時間割や授業時数、評価の考え方、学校と家庭、地域の関係など、従来、当たり前のものと思われていた仕組みや文化の問い直しが始まっています。

◉テクノロジーを味方に

「情報時代の学校」は、テクノロジーのための学校ではなく、テクノロジーを上手に味方につけた学校です。2020年、小学校からはじまる新しい学習指導要領は、これらの大きな変化に向けた最初の一歩です。一人1台環境やAI等が当たり前の学習環境となり、子どもたちの学びを支えます。教員と子どもだけでなく、家庭、地域、社会教育、企業等、さまざまな立場の人々がネットワークでつながり、「社会に開かれた教育課程」を通して、子どもたちの資質・能力を育んでいきます。2030年、2040年と持続可能な学校像をみんなで議論し、デザインし、実践し、作り上げていく。そんなワクワクする時代の最前線で活躍する先生方を応援します。

UPDATE

第2部 準備編

1 環境整備の必要性

学校をアップデートするために必要な ICT 環境

　文部科学省は平成 29 年に各都道府県教育委員会及び各指定都市教育委員会に「学校における教育の情報化の実態等に関する調査結果（平成 28 年度）〔速報値〕及び平成 30 年度以降の学校における ICT 環境の整備方針について」という通知を出しました。この通知の特筆すべき点は、標題の後半部分である「平成 30 年度以降の学校における ICT 環境の整備方針」にありました。この時点で令和 2 年度から小学校で新学習指導要領が完全実施されること、情報活用能力は言語能力や問題解決能力等と同じ「学習の基盤となる資質・能力」であるとされること、小学校でのプログラミング教育が必修化されることなどは決まっていました。そこで国は事態解決に向けて「教育の ICT 化に向けた環境整備 5 か年計画」を策定しました。平成 30 年度から令和 4 年度の 5 年間、毎年単年度で 1,805 億円を地方財政措置するもので、市町村の教育 ICT 環境の整備は加速するはずでした。

目標としている水準と財政措置額

- **学習者用コンピュータ　3 クラスに 1 クラス分程度整備**
- **指導者用コンピュータ　授業を担任する教師 1 人 1 台**
- **大型提示装置・実物投影機　100% 整備**
  各普通教室 1 台、特別教室用として 6 台
  （実物投影機は、整備実態を踏まえ、小学校及び特別支援学校に整備）
- **超高速インターネット及び無線LAN　100% 整備**
- **統合型校務支援システム　100% 整備**
- **ＩＣＴ支援員　4 校に 1 人配置**
- 上記のほか、学習用ツール（※）、予備用学習者用コンピュータ、充電保管庫、学習用サーバ、校務用サーバ、校務用コンピュータやセキュリティに関するソフトウェアについても整備
  （※）ワープロソフトや表計算ソフト、プレゼンテーションソフトなどをはじめとする各教科等の学習活動に共通で必要なソフトウェア

> ・1 日 1 コマ程度、児童生徒が 1 人 1 台環境で学習できる環境の実現

教育の ICT 化に向けた環境整備 5 か年計画
https://www.mext.go.jp/content/20200219-mxt_jogai02-000003278_405.pdf　より

ところが、この5か年計画が進行しても学校のICT環境整備の地域差はなかなか埋まらない状況が続いています。国は5か年計画の地方財政措置は計画通り進めつつ、あらたに補助金を交付して、一気に一人1台端末と通信ネットワーク、クラウド環境の整備に乗り出しました。いわゆる「GIGAスクール構想」です。国はこれで整備される学校ICT環境を「令和のスタンダード」と位置付け「全ての子ども一人ひとりに最もふさわしい教育を」めざすこととしています。

　一人1台の端末と必要十分な通信ネットワーク等がクラウド・バイ・デフォルト（p.86参照）で整備された学校。これまでの学校は、多少の世代差があってもイメージを共有できる、ある意味で懐かしい場所でした。しかし今、多くの大人たちが経験したことがない環境の中で、新しい学校教育が始まろうとしています。

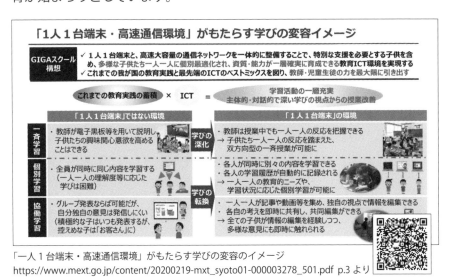

「一人1台端末・高速通信環境」がもたらす学びの変容のイメージ
https://www.mext.go.jp/content/20200219-mxt_syoto01-000003278_501.pdf p.3 より

　前章では最新の教育ICT活用実践事例を紹介しました。こうした学校は、具体的にはどのようなICT環境が整備されているのでしょうか。また、どのようなICT環境が、子どもたち一人ひとりが確かな学びを深めるために必要となるのでしょうか。本章では、教室や職員室に求められるICT機器やシステム等のいくつかについて考えてみます。

2 授業用端末

 先生が使って豊かな学びを創る

「わかる授業」を実現するために

授業用端末は「教室などで先生が授業中に使う道具」です。大型提示装置を外部モニターとして繋いで、写真や動画などのコンテンツを大きく提示することで、これまで以上に子どもたちの興味・関心を引き出したり、短時間で課題把握できるようにしたりします。

回収したワークシートを大きく映す

この活用方法は既に先生方にとって最も身近なものなので、授業用端末と大型提示装置のセット整備は今後も欠かせません。加えて、授業用端末は児童生徒用端末とも繋がる必要があります。課題などを配布・回収したり、リアルタイムで児童生徒用端末の画面をモニタリングしたりしながら授業展開を効率化し、子どもたちが議論したり表現したりする時間を保証するのに活用します。

より使いやすい授業用端末とは

これからの授業用端末はタブレット型が多くなりそうです。ノート型以上にコンパクトで持ち歩きやすく、写真の拡大縮小やマーキング、文字の書き込みは指やスタイラスペンで直感的に操作できるので、黒板前に立った姿勢のままでも授業の妨げになりません。

Do! 周辺環境も整えよう

◎**大型提示装置と接続する方法を検討する。**

　授業用端末の活用シーンで最も多いのは一斉学習での教材提示です。大型提示装置と接続する際には VGA や HDMI のケーブルを利用します。授業用端末がタブレット型になると、HDMI ワイヤレス接続が便利です。タブレット型の携帯性を損なわず、机間指導中に教室のどこからでも教材提示できるようになります。この環境であれば児童生徒用端末の画面や音声もワイヤレスで接続できるので、大型提示装置の活用の幅が広がることにも繋がります。ただし規格が複数あるので、教師用端末と児童生徒用端末で OS が違っている場合などは、注意が必要です。

◎**コンテンツや授業支援システムを同時に整備する。**

　一斉指導で最も活用するコンテンツは指導者用デジタル教科書です。高速通信ネットワーク環境の元では、サーバー配信型を選ぶと管理が楽で、導入時の作業の手間も省けます。

　一人 1 台の児童生徒用端末との連携から授業支援システムの整備も必要です。画面共有や協働学習機能が充実したものを選ぶことが大切です。個別のインストールが不要な WEB ベースで利用でき、教師用アカウントでログインするこ

授業支援システムの例　schoolTakt
https://schooltakt.com/

とで教材の配布や回収、モニタリングできる製品が多く登場しています。

◎**タブレット型は取り回しにも気を配る。**

　授業端末がタブレット型の場合、常に手に持って授業することが想定されます。片手で固定できるようにハンドホルダーを整備すると落とす心配が格段に少なくなるので、先生方のストレスを回避できます。

3 児童生徒用端末

子どもたちが使って豊かに学習する

主体的・対話的に学ぶために

　子どもたちが一人１台の端末を文房具のように使うようになると、これまでとは違う学び方ができるようになります。自分のノートや作品をカメラで撮影して保存しておくことで、いつでも振り返ることができるようになります。それを先生や友だちと共有することで、ブラッシュアップのヒントを交換し合うこともできるようになります。ドリル学習をすれば、自動採点の結果に応じて関連する問題が出題されることで苦手分野を段階的に学べるようになります。こうした学びの環境に十分に対応できる児童生徒用端末の整備が求められています。

標準仕様とは

　国では、一人１台時代の児童生徒用端末のスペック例を「標準仕様書」として示しています。OS ごとに具体的に示されていますが、大枠では以下のような内容です。

ストレージ	32GB 以上（OS によっては 64GB 以上）
メモリ	4 GB 以上（OS によっては記載なし）
画面	9〜14 インチ　タッチパネル対応
無線	IEEE 802.11 a/b/g/n/ac 以上
LTE 通信	内蔵または外付け（検討の上、削除も可）
キーボード	Bluetooth 接続でない日本語 JIS キーボード（場合により US も可）
カメラ機能	インカメラ・アウトカメラ（運用によっては片側でも可）
音声接続端子	マイク・ヘッドフォン端子×１以上（OS によってはアダプタも可）
外部接続端子	USB3.0 以上×１以上（OS によっては相当のもの）
バッテリ	8 時間以上（OS によっては記載なし）
重さ	1.5Kg 未満

https://www.mext.go.jp/content/20200303-mxt_jogai02-000003278_407.pdf をもとに筆者作成

Do! 教室での利用をイメージしよう

◎ハイスペックである必要はない。

　大型提示装置や高速通信ネットワーク環境が整っていれば、マシンスペック以上に「取り回しがしやすい」「使わないときには一時的に机の中にしまっておける」「数秒で使える状態になる」「落としても壊れにくい」などに配慮することが大切です。家庭や校外への持ち運びを考えると、専用バックやランドセルにしまうことを想定したクッションケース、防塵・防水カバーなども一緒に整備するとよいでしょう。

◎スタイラスペンがあると活動の幅が広がる

　小学校低学年ではペンで絵や文字をかく機会が多いことが予想されます。標準仕様書にはスタイラスペンについて言及されていませんがぜひ整備したいところです。スタイラスペンはタッチパネルの方式によって対応する種類が違ってきます。パームリジェクション（タッチパネル上に手のひらをついても、ペン先しか反応しないようにする機能）が作動するのか、ペン先と描線にずれや遅延がないかを確認するのは書き味の点で重要です。電池式なのか充電式なのか電源不要なのかといったことにも配慮が必要です。

◎小学校中学年以上にはキーボードを

　小学校低学年のうちからタイピングに慣れておくことは大事ですが、中学年以上は必須です。標準仕様書推奨の有線接続の場合、ケーブルが垂れ下がらないように適切な長さで括る、ケーブルの根元で断線しないように補強するなど細やかな配慮が必要です。授業中に児童生徒用端末とキーボードを机に出すと、天板の広さの半分は占有されます。現在の児童用机は旧 JIS 規格に準拠した幅 65cm 奥行 45cm 程度が一般的かと思われますが、今後の買い換えなどではより広い天板の机（新 JIS 規格）を取り入れていくことも視野に入れておくと良いと思います。先進校では天板だけをより広いものに付け替えている事例もあります。

◎アプリケーションの充実を

　これからの子どもたちの学習には、授業支援システム（アプリ）や学習者用デジタル教科書、いわゆる Office スイートなどのアプリケーションが欠かせません。授業支援システムは、当然のことながら、先生方と子どもたちが同じ製品を使うことが前提です。教師用 ID によるログインで先生が管理画面を、児童生徒用 ID によるログインで子どもたちが学習コンテンツなどを活用します。

　地域や学校によっては AI 等を活用したオンラインデジタルドリルを導入し成果を上げているところもあります。オンラインデジタルドリルは、紙では不可能だった量の問題をその子の学習の度合いに応じて自動出題するだけなく、学習内容の解説、自動採点、回答へのレコメンド、学習履歴の蓄積などの機能を持っています。先生方は子どもたちの学習の進度やそれぞれの苦手などをリアルタイムで把握できるので、教室での声掛けや指導、評価に役立ちます。

授業支援アプリの例
ロイロノート・スクール
https://n.loilo.tv/ja/

デジタル型ドリルの例　やる Key
https://www.yarukey.jp/

デジタル型ドリルの例　キュビナ
https://qubena.com/

◎校庭や校外での利用を視野に

　生活科や社会科、修学旅行など、学校を離れた学習がさかんに行われています。標準仕様書ではLTE通信（通信事業者が提供するスマートフォンや携帯電話の無線通信規格）に触れています。LTE通信は、通信料として「目に見えるランニングコスト」がかかります。しかし「教室移動中に無線LANが途切れてしまい学習に支障が出ている」とか「固定設備を工事しても少子化による学校統廃合によって不要になる」「施設の維持管理や保守、更新にかかる「目に見えないランニングコスト」と長期で比較すると大差ない」などの考えから、LTE通信を前提に児童生徒用端末を整備する市町村も増えてきています。整備にあたっては、早い段階で先行自治体や通信事業者に直接相談するなど、しっかり情報収集したいところです。

◎子どもたちの学習成果を守る

　児童生徒用端末の整備によって、子どもたちが日常的に扱う情報量は爆発的に増えることになります。標準仕様書にある最低限のストレージでは一時保存だとしてもすぐに限界がきてしまうかもしれません。万が一に備えたバックアップという意味でもクラウドの利用が不可欠です。クラウド利用は国も推進しているので、市町村の教育情報セキュリティポリシー（p.86参照）の改訂を整備と同時に進めることが大切です。

◎電源の確保、高機能な保管庫も

　これからの学校では、これまでにない数の端末類が常時稼働します。夜間には教室や廊下に設置する電源保管庫でまとめて充電することが想定されますが、既設の電源では容量が足りない可能性があります。一見順調に作動しているように見えても実は高負荷がかかっていて、火災や事故に繋がるということはあってはなりません。また過充電による早期のバッテリ劣化も懸念されます。児童生徒用端末の機種によってはバッテリ交換ができなかったり、バッテリ劣化は保証の対象外だったりすることもあります。児童生徒用端末の一人1台整備にあたっては、端末があればそれで良いというわけにはいかないということを理解しておく必要があります。

4 プログラミング用フィジカル教材

光る、動く、繋がる体験を

 プログラミング的思考の育成のために

小学校でのプログラミング教育のねらいは大きく３つあります。

① 「プログラミング的思考」を育成すること。

② プログラムや情報技術の社会における役割について気付き、それらを上手に活用してよりよい社会を築いていこうとする態度を育むこと。

③ 「教科等での学びをより確実なものにする」こと。

プログラミング的思考は情報活用能力に含まれるものです。情報活用能力は言語能力や問題発見・解決能力と並んで「学習の基盤となる資質・能力」であると学習指導要領に位置付けられています。中学校では技術・家庭科での学習内容として「計測・制御のプログラミング」に加えて「ネットワークを利用した双方向性のあるコンテンツのプログラミング」等が示されています。高校では令和４年から情報Ⅰが共通必履修科目となり、全員がプログラミングについて学びます。

 豊かなプログラミング体験とは

小学校では子どもたちが児童生徒用端末でのプログラミングを体験しながら、自分の意図した処理を行わせる活動を通して論理的に考えられるようにしていくことが大切です。小学校理科は、これまでも乾電池やLED、モーター、スイッチなどを繋いで実験する機会がありました。モーターの回転を逆にしたいときには電池の向きを変えたり配線を付け替えたりしてきました。そこにマイコン（マイクロコンピュータ）ボードを組合せれば、プログラムを一行書き換えるだけで意図した方向に回転させられるようになります。プログラムの結果が実際のモーターの回転として目に見えるこ

とで、子どもたちは実感を伴って理解できます。小学校段階ではアプリケーション上でのシミュレーションだけでなく「物理的に動いたり光ったりする教材」を伴った楽しいプログラミング体験が有効です。

Do! 教材を手に入れよう

　小学校でのプログラミング学習の教材として活用できるマイコンボードやロボット、ブロック等は様々です。高価なものは理科教育設備整備費等補助金などを活用することも視野に整備することが大切です。教育委員会で一定数を整備しておき、必要に応じて貸し出すことも考えられます。

片手に収まる大きさのプログラムできるマイクロコンピュータ。ボタン、外部接続端子、光センサー、温度センサー、加速度センサー、コンパス、25 個の LED 等が内蔵されています。
〈micro:bit〉
https://archive.microbit.org/ja/

外装に段ボールを使用し、オリジナルロボットを作成できます。中身はマイコンボックスとモーター、LED、ブザーがセットになっています。
〈embot〉
https://www.embot.jp/

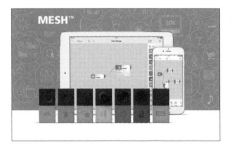

身近なものと、動きセンサー / ライト / ボタン / 明るさセンサーなどの機能を組み合わせ、プログラミングすることで、さまざまなアイデアを形にできるツールです。IoT（モノ・コトのインターネット化）を活用した仕組みも簡単に実現します。

〈MESH〉
https://meshprj.com/jp/

〈 Ⅰ 環境整備 〉

5 遠隔授業システム

学びを閉じない、学びを止めない

 協働的な学びを広げるために

　教育 ICT 環境の充実によって、子どもたちの学びはますます学校外に拡張されていきます。国も ICT によって「いつでも、どこでも、だれとでも」学べることに大きな関心を持っています。その一つが遠隔教育です。

　遠隔教育は、いまここにない人や場所を繋いで同時双方向に学習できる教育のことで、授業だけでなく課外活動や放課後活動も含むものとされています。これまでも各地で実践されてきた「国内と海外日本人学校とでの国際交流」「山地と海辺の地形的環境の違いを知る社会科」などの授業も遠隔教育の好事例であり、ピンポイントに遠隔授業と呼ばれます。

 遠隔合同授業とは

　いま遠隔授業で注目したいのは「遠隔合同授業」です。少子高齢化の影響を受け、全国で学校の小規模化、統廃合、小中一貫化が進んでいます。小規模校は、個別指導が行いやすいとか家庭・地域と密接に連携できるなどのメリットがあります。しかし、「多様な考え方に触れる」「対話的、協働的に学ぶ」「学び合ったり教え合ったりする」機会が極端に少なくなるという課題があります。コミュニケーションを軸とした学びは主体的・対話的で深い学びに不可欠な要素です。

　以前は高価なビデオ会議専用システムと高速専用回線などを用意しないと、ストレスのない遠隔教育環境が作れませんでした。しかしこれからは、授業の目的や授業の形態によって、既設の通信ネットワークと端末でもある程度のことはできるようになってきています。

Do! つながる環境を整えよう

　国は、平成27年度から「学校教育におけるICTを活用した実証事業」を行いました。その後継として、平成30年度からは「遠隔境域システム導入実証研究事業」が進められていて、初年度の成果が「遠隔教育システム活用ガイドブック　第1版」として公開されています。遠隔授業の様子や実践例が多く掲載されているだけでなく環境構築や運用に関して多くのページが割かれており、これからの学校ICT環境整備を行う上で大変参考になります。実際に環境構築する場合、カメラやマイクの配置、通信ネットワーク関係のトラブル対策などは必須ですが、実証校での知見を生かすことで回避できます。

　こうした遠隔授業の実現に向けて制度整備も確実に進んでいます。例えば「小・中学校段階の病気療養児に対する遠隔授業は、要件を満たせば指導要録上出席扱いとし、学習成果を評価に反映できる」「不登校児童生徒に対する遠隔授業は指導要録上出席扱いとする現行制度を踏まえ、留意事項等の周知を図り、全国における制度の活用を一層推進する」などが挙げられます。多様な教育機会のニーズに対応するためにも、遠隔授業を見据えた教育ICT環境整備も大切です。

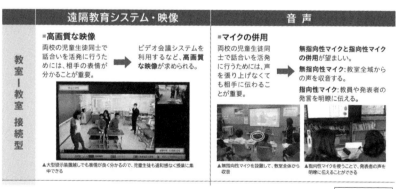

遠隔教育で活用するICT機器の導入・利用のポイント
https://www.mext.go.jp/content/1404424_1_1.pdf　p.7 より

6 校務用端末と統合型校務支援システム

 校務の情報化。スマートに働く

 ## 効率的な働き方のために

　教室に児童生徒用端末とアプリケーション、周辺機器、通信ネットワークが整備されるのと同時に、先生方が校務を行う職員室の教育 ICT 環境も整備する必要があります。現在では教職員の働き方改革が進められています。その文脈からも職員室の ICT 環境を整備することは大切です。

 ## 統合型校務支援システムとは

　国が実施した「平成 30 年度教育委員会における学校の業務改善のための取組状況調査結果」によると「ICT を活用して、学習評価や成績処理に係る事務作業の負担軽減を図っている（学習評価や成績処理）」と回答したのは都道府県で 97.9%、政令市は 100%、市区町村は 62.1% となっています。

		都道府県 (n=47)	政令市 (n=20)	市区町 (n=1719)
件数	①補助的業務について、サポートスタッフ等の参画を図っている。	10	10	277
	②ICTを活用して、学習評価や成績処理に係る事務作業の負担軽減を図っている。	46	20	1,067
	③その他	4	0	46
	④特に取り組んでいない。	0	0	539
割合	①補助的業務について、サポートスタッフ等の参画を図っている。	21.3%	50.0%	16.1%
	②ICTを活用して、学習評価や成績処理に係る事務作業の負担軽減を図っている。	97.9%	100.0%	62.1%
	③その他	8.5%	0.0%	2.7%
	④特に取り組んでいない。	0.0%	0.0%	31.4%

https://www.mext.go.jp/component/a_menu/education/detail/__icsFiles/afieldfile/2018/09/21/1408345_002.pdf　p.27 より

　効率的で円滑な校務遂行には、校務用端末と、学習評価や成績処理だけでなく保健に関するデータなどを統合的に扱えて、グループウェア機能なども持ち合わせた「統合型校務支援システム」

が必要です。先生方の働き方を効率化して、結果として「教育の質の向上」に繋げるのが目的です。

Do! 教室でも使うことを視野に入れよう

　小学校の場合、朝の会で健康観察が行われ、一人ひとりの健康状態を健康観察簿に記入し養護教諭に提出することが多いのではないでしょうか。養護教諭は決められた時刻までに集計し管理職や教育委員会に報告します。校務用端末と統合型校務支援システムが教室でも使えれば、健康観察簿への記入、提出、集計を自動化できます。インフルエンザ等の流行期には学級閉鎖や短縮授業実施の判断も、迅速に行えるようになります。

　他にも、テスト後には採点結果を直接校務用端末に入力すれば手続きが簡素化できる上に、置き忘れや紛失などのトラブルを防止することができます。緊急連絡が必要な場合は、職員室の先生がグループウェアに入力して対

校務支援システム挿入・運用の手引
https://www.mext.go.jp/a_menu/shotou/zyouhou/detail/__icsFiles/afieldfile/2018/04/06/1369638_2_1_01.pdf

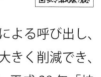

象の先生にアラートを出すことで、移動の手間や全校放送による呼び出し、伝え忘れ等も激減できます。物事に対処するための工数を大きく削減でき、学校に余裕を生み出すことができます。整備にあたっては、平成28年「校務支援システム導入・運用の手引」が参考になります。

　校務用端末は学習評価、成績処理、グループウェアの他に、教材作成にも使われます。高解像度な画像や動画の編集もできる、ある程度以上の性能を持った端末が必要です。

　なお、教室での校務用端末の使用には、通信ネットワークを子どもたちが利用するものと分けるなどのセキュリティ対策が必須です。職員室も教室も校務用端末は有線接続に限るなど、既設を生かした工夫が大切です。

7 デジタルサイネージ

校務の情報化。見ればわかる

瞬時の情報共有をより効果的にするために

　職員室や校長室には行事黒板というものがあります。一定期間の学校全体の動きを俯瞰するのに役立ちます。校長室にあるものには、およそ一月分の学校行事や会議、主要な出張の予定などを教頭先生が書き込み、変更があればその都度修正します。職員室には校長室と同じような一月分を見通す黒板の他に、直近の2日間程度の行事予定や出張者名と時刻、行き先、出入り業者の訪問時刻、日直当番の先生の氏名、提出物の〆切りといった諸連絡などを記入するものがあります。放課後になると当日分を消して翌々日分を書くことが主幹教諭や教務主任の先生の日課です。こうした黒板類は、たとえ教務主任の先生の作業負担が大きくても、全職員が情報共有し抜けや漏れがない学校経営を徹底するのに必要なことでした。しかしアップデートされた学校には校務用端末や統合型校務支援システムがあります。

デジタルサイネージとは

　校務用端末や統合型校務支援システムの導入によって、教務主任の先生の作業は、共有したい情報や諸連絡を校務支援システムに入力するという1つだけになり、他の事務作業や先生方のバックアップに専念できるようになります。先生方は校務用端末を使って自分のデスクから全てを確認することができるようになります。しかし諸連絡などの中には職員室に入った瞬間に共有したほうが良いと考えられる事柄もあることでしょう。そうしたニーズに対応できるICT機器が大型デジタルサイネージです。

　最近では駅や公共施設などでよく見かけます。学校では大型テレビが配

石川県野々市市立図書館のデジタルサイネージ
https://commons.wikimedia.org/wiki/File:Nonoichi_City_Library_digital_signage_
ac.jpg

備されていることが多いので、授業に支障がなければ転用することも考えられますが、安全性や耐久性を考えると専用のものを設置した方が良いかもしれません。

Do! 訪問者や子どもたちにも知らせよう

学校によっては来客対応する玄関に設置したり、子どもたち用の昇降口に設置したりすることもよいでしょう。来客には、歓迎のメッセージだけでなく学校教育目標やめざす児童生徒像、校舎案内図を示すことで、世の中に開かれた学校であるとの好印象を持ってもらえそうです。子どもたちには、朝会のあるなしや各種委員会からのお知らせ、学校図書販売の集金場所などを表示しておくことで、先生方が細々と指示しなくても自主的な行動ができるようになるといった教育効果も期待できます。

8 複合型プリンターのレンタル

これまでの環境にプラスアルファ

 学校の特性である「紙文化」を効率化するために

学校では大量の印刷物が発生します。教材としてのプリントだけでなく、学校便りなどの様々なお便り類や教育計画、年間指導計画といった冊子類、職員会議資料などです。そのほかにも週指導計画書や出張復命書、教育委員会への調査報告書なども紙ベースでの提出が求められるのでプリントアウトします。国や都道府県、市町村からの通知等も必ずプリントアウトしてから関係者で回覧し、サイン・押印し、最期は担当者が綴って保管するというのが学校の習わしです。調査報告などの提出物はプリントアウトする紙が少量なので、職員室にある共用ネットワークプリンターで出力して終わりにすることができます。しかし、学校便りなど、全家庭数や全校児童生徒数分の出力が必要な場合は、いったんプリントアウトしたものを改めて印刷機を使って「増し刷り」します。学校では「増し刷り」作業にかなりの時間がかけられていますが、今後もなくなることはないでしょう。

 プリンターのレンタルプランとは

学校で「増し刷り」が行われる理由は他にもあります。例えば職員室に1台しかない共用ネットワークプリンターを長時間占有することになると他業務に支障が出ることや、トナー・インクといったランニングコストを比較したときに印刷機の方が安価なことなどです。

学校で利用するプリンターや印刷機、コピー機は教育委員会が一括してリース契約し、紙やインク等の消耗品は学校ごとに別会計という場合が多いかと思います。中にはインク・トナー代は含まれる契約になっていることもありますが、カラー印刷対応でないことがほとんどです。しかし今で

は定額制で、しかもカラー印刷も
し放題というレンタルプランを提
供する企業が出ています。A3 サ
イズフルカラーでネットワーク対
応、コピー機能、スキャナ機能、
自動両面印刷機能を備えた複合型
プリンターで、1 台あたりの月額
料金は 20,000 円程度が相場のよ
うです。3 台であれば月額 60,000

複合プリンターのイメージ例

円程度で、電気と紙以外のランニングコストを気にかける必要がありません。児童生徒数が 300 人であれば、1 人あたり月額 200 円で利用できるので、これまで集金していた教材費などでまかなえてしまうかも知れません。印刷機が不要になるので、その分の公費とうまく組み合わせることで、職員室だけでなく教室に配置することも現実味を帯びてきます。

　ランニングコストをほとんど気にせず使える複合型プリンターが各教室にあると、これまでは休み時間に職員室に戻って行っていた「増し刷り」が教室でできることになります。結果として休み時間を子どもたちとともに過ごす時間として確保できます。

Do! 授業での利用も視野に入れよう

　その上、教室にあることで授業での活用を考えることができるようになります。例えば算数で直方体の展開図を考える学習であれば、ノートや児童生徒用端末で考えた数種類の展開図が本当に組み立て可能なのか、プリントアウトして切り抜き実際に組み立ててみることができるようになります。手元には展開図と立体の両方があるので、双方を見比べながら特長を理解するような授業をすることができます。子どもたち一人 1 台環境になっても、学校のこうした「紙文化」は大切にしたいものです。

9 ファイル共有クラウドストレージ

先生方を守るためにも

成果物を共有するために

　先生方の本務は「よい授業をすること」です。そのための教材研究や教材作成の時間を確保することは非常に重要です。学校では校内研修・校内研究が行われていて、めざす児童像に向かって、教科指導だけでなく情報活用能力の育成や言語活動の充実、SDGs などの社会課題への取組、学びの SETAM 化等を主題・副主題に掲げ、よりよい教育、豊かな学習の創造に励んでいます。校内研究での成果物は全職員間で共有され、次年度以降も継続的に活用、改善されるべき資産です。

業務の効率化とは

　国の「平成 30 年度教育委員会における学校の業務改善のための取組状況調査結果」によると「ICT を活用して、教材や指導案の共有化を図っている（授業準備について）」と回答したのは都道府県の 87.2%、政令市の 80.0%、市区町村の 56.1% でした。

　自分が苦労して作成した学習指導案や教材などは、自分の財産として守っておきたい、と考える先生方もいるかもしれませんが、マインドチェンジが必要です。

　理由の一つは、業務の効率化の観点からです。毎年、新たに担任する学年の教材研究を一から始めるのは効率的とは言えません。前年度の教材や学習指導案が共有されていれば、それをベースに目の前の子どもたちに応じてリメイクすることができます。もう一つの理由は、若手育成の観点からです。これまではある程度の経験を積んだ先生方に任されることが多かった校務分掌も、特に小規模校では、初任研が終わったとたんに担当し

		都道府県 (n=47)	政令市 (n=20)	市区町 (n=1719)
件数	①サポートスタッフの参画を図っている。	18	18	564
	②理科の観察実験補助員の参画を図っている。	12	14	219
	③ICTを活用して、教材や指導案の共有化を図っている。	41	16	964
	④教育委員会の教育センター等における教材や指導案の共有化に取り組んでいる。	42	17	349
	⑤その他	2	0	58
	⑥特に取り組んでいない。	1	0	444
割合	①サポートスタッフの参画を図っている。	38.3%	90.0%	32.8%
	②理科の観察実験補助員の参画を図っている。	25.5%	70.0%	12.7%
	③ICTを活用して、教材や指導案の共有化を図っている。	87.2%	80.0%	56.1%
	④教育委員会の教育センター等における教材や指導案の共有化に取り組んでいる。	89.4%	85.0%	20.3%
	⑤その他	4.3%	0.0%	3.4%
	⑥特に取り組んでいない。	2.1%	0.0%	25.8%

https://www.mext.go.jp/component/a_menu/education/detail/__icsFiles/afieldfile/2018/09/21/1408345_002.pdf　p.26 より

なければなりません。よい授業と校務とを両立できるように、効率的に教材研究できる環境の整備が必要です。

Do! 情報の取り扱いの新基準をつくろう

　先生方はこれまでも多忙さ故に自宅に仕事を持ち帰っていました。今でも子どもたちの個人情報を USB メモリ等で持ち出し、紛失や盗難などの不祥事に繋がる事例が後を絶ちません。仕事が勤務時間内に終わらないことが最大の問題点ですが、働き方改革によって在校可能時間の短縮が先行しようとしています。先生方を守る意味からも、子どもたちの個人情報を含めた仕事のデータを物理的に持ち出す必要がない仕組みに変えなければなりません。それがクラウドファイルストレージです。必要なデータをクラウドに置き、クラウド上だけで編集できる仕組みを整えれば事故は最小限にできます。決して「学校で残業ができないのであれば自宅でヤミ残業せよ」と言っているのではありません。子育てなど事情のある先生でも、自分の都合のつく時間を利用して仕事の進捗を確認して明日に臨めるようであれば、少しでも柔軟で安全な働き方に繋がるのではないか、ということです。国も昨今の教育 ICT 環境整備に伴ってクラウド・バイ・デフォルトの教育情報セキュリティポリシー策定を推進しています。

〈 I 環境整備 〉

10 教育情報セキュリティポリシー

 クラウド・バイ・デフォルトで見直す

安全・安心な教育情報化に向けて

情報セキュリティポリシーとは「組織内の情報セキュリティを確保するための方針、体制、対策等を包括的に定めた文書」のことです。市町村では総務省の「地方公共団体における情報セキュリティポリシーに関するガイドライン」(平成 30 年改訂)を参考に情報セ

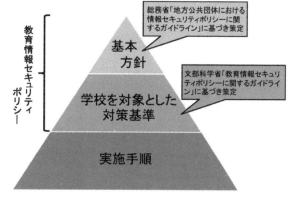

地方公共団体における教育情報セキュリティポリシーに関する体系図
https://www.mext.go.jp/content/20200219-mxt_jogai02-000003278_409.pdf p.17 より

キュリティポリシーを策定しています。その基本方針の下、学校を対象とした対策基準が策定されることになっており、各市町村の実態に合わせ、教育情報セキュリティポリシーを策定することが期待されています。

クラウド・バイ・デフォルトの原則とは

市町村が教育情報セキュリティポリシー策定や見直しを行う際の参考資料が「教育情報セキュリティポリシーに関するガイドライン」(以下ガイドライン)です。平成 29 年に公表され、令和元年に改訂されました。あまり間を置かず改訂されたのには理由があります。

一つは、市町村における教育 ICT 整備・運用に際して、平成 29 年版ガ

イドラインに示された具体的な対策等を一言一句遵守することが目的化してしまい、結果として、学校現場でのICT利活用に支障が出るということが全国各地で起きてしまったことです。もう一つは、近年の急速な情報技術の発展に伴った教育システムにおけるパブリック・クラウド（学校や教職員や生徒が、必要な時に必要なだけ自由にリソースを特定のハードウェアや通信環境に依存せずに利用できるICTサービス）への対応が不十分だったことです。

　これまで国は「情報セキュリティや移行リスクへの漠然とした不安、不十分な事実認識等から、クラウドサービスの利用に前向きではなかった側面が否定できない」（平成30年「政府情報システムにおけるクラウドサービスの利用に係る基本方針」より）状況でした。しかし社会的には、高度なセキュリティが求められる銀行などでもパブリック・クラウドへの移行が進んでいるのが実際です。同等のセキュリティと利便性を担保して自前でサーバー類を管理・維持する場合（オンプレミス）と比べると、運用コストが安価なこともあって、国は実質的に大きく方向転換しました。そのベースになっているのが「クラウド・バイ・デフォルトの原則＝政府情報システムを整備する際に、クラウドサービスの利用を第1候補とする」です。伴って教育ICT環境整備にも「クラウド・バイ・デフォルトの原則」が適用されることになり、対応した教育情報セキュリティポリシーが策定されるようにガイドラインを改訂した、という流れになっています。

Do! 学校での運用ルールを見直そう

　これからの子どもたち一人1台環境では、これまで以上に子どもたちの学習の多様性等に対応できるように、新たなICT技術等も安全かつ柔軟に取り入れていくことになります。先生方の校務に関する情報の取り扱いルールも、整備される環境や社会的な動きに呼応して不断に見直していくことが求められます。ガイドラインは今後も時勢に合わせて随時改訂されることとなっているので、引き続き注視しつつ具体的に対応する必要があります。

11 一人1台の時代に向けて

学校、子ども、社会を捉え直す

 やりたいことを確認しよう

　学校には、教育ICT環境を先生方も子どもたちも有効に活用しながら、20年後30年後の社会を生きる子どもたちの「資質・能力」を育んでいくことが求められています。身近な範囲で考えれば、家庭や地域の実態や課題を踏まえた上で、我が校の子どもたちに重点的に身に付けさせるべき能力はなにか、もう一度先生方全員で確かめ、どうすればそれが持続的に可能になるのか、研修し、実践し、改善していく必要があるということです。プロセスはこれまでと同じですが、環境は「子どもたちの手元に、いつでも使える自分用の端末がある」ので大きく変化します。

 一人1アカウントを持たせよう

　子どもたちはノートや模造紙、鉛筆や絵の具のように児童生徒用端末を使って学ぶことになります。国語でも体育でも総合的な学習の時間でも使います。しかもそれは常に通信ネットワークに接続しています。

　PC室に設置されたデスクトップ型PCを全校の児童生徒で共有して使うような環境では、各PCを制御・監視するアプリケーションを使って一斉にログオン、シャットダウンさせたり、環境復元アプリケーションを使って端末の設定を常に同じ状態に保ったりしてきました。PCを使う時間や範囲、設定環境を先生がコントロールするという発想が見て取れます。

　これからは、子どもたちが自分で必要と思ったときに、自分が使いやすい環境で使うようになります。PCへのログオンは「PCを使える状態にする」ばかりか「ノートを開いて鉛筆を持つ」ことに近い感覚です。自分のノートや鉛筆には、それぞれ名前や学年、学級、出席番号などを書いて友だち

のものとは区別できるようにします。PCではそれが「アカウント」です。小学校であれば6年間、中学校であれば3年間、自分のテストやドリルの成績、学習の成果物、個人的なメモなども一人ひとりのアカウントで管理するのです。アカウント自体は友だちや先生方が知っても問題ありません。しかしそのアカウントでアクセスできる情報はパスワードで守る必要があります。パスワードは子どもたち一人ひとりが意識的に厳重に管理する必要があります。このことは身近な情報セキュリティとして子どもたちに確実に指導しなければなりません。

Do! 情報モラルを育成しよう

　家に喩えれば、アカウントは住所や表札、パスワードは鍵のようなものです。「○○さんの家は□□ですよ」と、ことさら言いふらす行為は、例え表札にフルネームが書いてあったとしても良いことではありません。

		分類	
A. 知識及び技能	1	情報と情報技術を適切に活用するための知識と技能	①情報技術に関する技能 ②情報と情報技術の特性の理解 ③記号の組合せ方の理解
	2	問題解決・探究における情報活用の方法の理解	①情報収集、整理、分析、表現、発信の理解 ②情報活用の評価・改善のための理論や方法の理解
	3	情報モラル・セキュリティなどについての理解	①情報技術の役割・影響の理解 ②情報モラル・セキュリティの理解
B. 思考力、判断力、表現力等	1	問題解決・探究における情報を活用する力（プログラミング的思考・情報モラル・セキュリティを含む）	※事象を情報とその結び付きの視点から捉え、情報及び情報技術を適切かつ効果的に活用し、問題を発見・解決し、自分の考えを形成していく力 ①必要な情報を収集、整理、分析、表現する力 ②新たな意味や価値を創造する力 ③受け手の状況を踏まえて発信する力 ④自らの情報活用を評価・改善する力　　　　　　等
C. 学びに向かう力・人間性等	1	問題解決・探究における情報活用の態度	①多角的に情報を検討しようとする態度 ②試行錯誤し、改善しようとする態度
	2	情報モラル・セキュリティなどについての態度	①責任をもって適切に情報を扱おうとする態度 ②情報社会に参画しようとする態度

IE-Schoolにおける実践研究を踏まえた情報活用能力の要素の例示
https://www.mext.go.jp/component/a_menu/education/micro_detail/__icsFiles/afieldfile/2019/01/28/1400884_1.pdf　p.12 より

ましてや鍵を盗んで家に入ることは犯罪です。PC や通信ネットワークの利用についても同じことが言えます。

平成 30 年「情報活用能力を育成するためのカリキュラム・マネジメントの在り方と授業デザイン」には「情報活用能力の体系表例」が示されています。新学習指導要領と同じ「知識及び技能」「思考力、判断力、表現力等」「学びに向かう力・人間性等」の 3 つの柱で整理されており、それぞれに情報モラル・セキュリティの内容が含まれています。道徳科での計画的な指導はもちろんのこと、学校教育全般において機会に応じて継続的に指導することが大切です。

Do! 家庭や地域の協力を広げよう

学校評議員制度や学校支援地域本部事業、コミュニティ・スクール（学校運営協議会制度）の普及とともに、保護者や地域の方々が学校経営に参画したりボランティア等で学校の教育活動を支援したりする機会が増えています。学区内の企業や施設からゲストティーチャーを招いて、特色ある教育活動を展開している学校もあります。

ウェブベルマーク運動
https://www.webbellmark.jp/

PTA 活動ではベルマーク運動（ベルマーク教育財団）や、「イオン幸せの黄色いレシートキャンペーン」（イオングループ）などを活用して教材・備品等の支援をしているところも多いと思います。

こうした学校と地域の良い関係性を、教育 ICT に関する事柄にも

イオン 幸せの黄色いレシートキャンペーン
https://www.aeon.info/
sustainability/social/yellow/

波及していくことは大切なことだと思います。子どもたち一人1台環境での学校教育は、今いる大人たちの大多数は経験していませんので、不安や誤解はつきものです。家庭や地域の方々に無理のない範囲で具体的に学校に入っていただき、実際に見たり聞いたり活動したりしたことを口コミで広げていただくと、とても効果があるのではないかと思います。例えば、授業にプログラミングを取り入れる初期の段階では、学習目標に直接関係しないような Office スイートソフトウェアの操作の補助をしてもらうとか、子どもたちの困り感を拾って一緒に考えてもらうとかが考えられます。また、子どもたちが ICT 活用のルールを決めるような場合には、保護者や大人としての立場から思いや願いを語ってもらうとか、調べ学習の成果をプレゼンテーションで作成する際には、社内研修での学びやビジネスプレゼンで得た知見をアドバイスしてもらうとかも考えられます。キーボード練習の時に一人ひとりのタイピングの様子を見守ってもらうだけでもよいでしょう。いわゆるスキル面に関しては、先生方よりも高いものをお持ちの地域の方も多いのではないかと思います。他にも、必ずしも学校教育について明るい必要はない事柄がたくさんあろうかと思いますので、どんどん教室に入っていただき、これからの学校教育の姿を理解していただくとよいでしょう。

　こうして広がる良い関係性は、子どもたちの ICT 活用に対する大人の目を変化させることも期待できます。ICT 利用に関して学校から保護者へ向けた投げかけは「使いすぎに注意してください」「フィルタリングを設定して下さい」といった、ICT 活用の負の面に関するトラブルの未然防止についてが多かったように思います。これからは保護者からの言葉がけも「今日は ICT を使って何の学習をしたの？」「デジタルドリルはどこまで進んだのか見せて！」「昨日のプレゼン、どう修正したの？こういう時はね…」などが増えてくることで、家庭と学校の互恵関係が深まっていくようになるのではないかと期待します。

12 授業と家庭学習の連動

子どもたちの学びを組み立て直す

🎯 **いつでも、どこでも、だれとでも学び合うために**

協働的な学びは、現在でも各教科や総合的な学習の時間などあらゆる学校教育場面で展開されていますが、一人1台環境によって、教室内での友だち同士の教え合いやペア活動、グループ学習といった目に見えやす

授業でのグループ学習の様子

い活動の姿もさらに促進されることが期待できます。

遠隔合同授業も多く実践されていくことになるでしょう。インターネット上で利用する協働学習に利用できそうなシステムの中には、同じシステムにログオンしていなくても1つのドキュメントに同時に文章を書き込みあったり、コメントをつけあったりできて、しかも無料なものもあります。教室に一緒にいる場合はもちろん、同じ校舎や地域にいなくても、授業の時間帯が違っても、それぞれのタイミングで編集、コメントし合いながら、一つの成果物を作り上げていくことができます。授業中でも放課後でもです。

子どもたち一人1台環境は通信ネットワークへの常時接続と一体と考えられるので、学習においては、自分の考えを根拠づけるようなデータはいつでもインターネットを介して手に入れることができ、その信憑性や妥当性については学校にいなくても友だちと検討でき、今まで以上に多様なものの見方や考え方に触れることができるようになります。

📝 アダプティブ・ラーニングとは

　自分に合った場所や時間で、多様な見方考え方を働かせていく学びは協働学習だけではありません。子どもたち一人１台環境では、基礎学力を培うドリルも「いつでも、どこでも、自分の理解度に合ったもので」で

オンラインデジタルドリルを活用した授業の様子

きるようになります。適応学習と呼ばれ、個別最適化された学びはこの文脈で語られることが多いようです。そのための代表的なコンテンツがオンラインデジタルドリルです。特徴は「収録されている問題数が膨大である」「理解度を自動分析し、応じて問題を自動的に出し分ける」「理解度や進度、履歴を教師や保護者がモニタリングできる」「紙の問題集を持ち歩かなくて良い」ことなどです。小中学生向けの算数や数学のサービスでは、解答を入力すると自動採点するので、先生の採点業務の軽減にも繋がるものが主流です。これまで基礎学力を養うのに効果的と考えられてきたことであっても人の手で行うにはあまりにも高コストだったことが、デジタル化されることによって実現したと言えます。

　協働学習にしても個別最適化にしても「いつでも、どこでも」学ぶことが可能な環境になるのですから、いわゆる宿題（家庭学習）も様子が変わってくることは当然と言えます。

Do! 反転学習に挑戦してみよう

　反転学習（反転授業）というものがあります。誰もが思い浮かべる授業中の風景は、先生が教壇に立って板書をしながら行う、いわゆる講義のようなものでしょう。そして、宿題は授業の復習としてドリルやプリントでの個別学習になることが一般的だと思います。それに対して反転学習は、

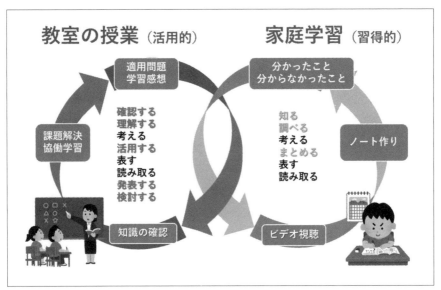

反転学習のイメージ

これまでの授業の形をまさに「反転」させたもので、家庭では、翌日の授業に活用するための基礎基本となる内容について映像教材を使って予習し、学校の授業では通常「宿題」として扱われる演習や、学習をより深めたり高めたりするために話合いや教え合いを中心とした学習を行うものです。つまり、学びのインプットを家庭で、アウトプットを授業で行うというものです。

　前日の家庭学習で得た知識が翌日の授業で活用されるので、どの学力層の子どもたちでも家庭学習に対する肯定感が高まります。また自分のペースで映像教材を見ながらノート作りをするので、わからなければその部分だけを繰り返し視聴したり、子どもによっては授業のふりかえりのために再視聴したりすることができます。授業ではその知識と友だちとの関わりを生かして、より発展的な課題などに取り組むことで達成感や充実感が高まり、学力の定着や向上に繋がります。

　先生にとっては映像教材の作成などこれまでとは違った授業づくりを行う必要があるので、そのための時間を確保することや映像教材を作成する機器の調達と操作への習熟が課題でした。しかし今では教師用端末や授

業用端末とデジタル教科書があれば環境としては十分です。教材研究やよりよい授業を構想することは先生方の本務です。それ以外の業務を精選し効率化することで授業づくりの時間を確保することは、まさに働き方改革の近道と言えるのではないでしょうか。

　とはいえ家庭学習で使用する動画を作成するに当たっては著作権などに十分に留意する必要があります。国は令和2年4月10日に改正著作権法を施行する政令を閣議決定しました。これにより、教科書などの著作物を遠隔授業で利用したり、予習や復習に利用する教材をMailで送受信したりクラウドなどを使って共有したりできるようになりました。

　改正著作権法は2018年5月に成立していましたが、著作権者に対する補償金についてといった課題があり、それらの解決を進めながら3年以内に施行する予定でした。授業目的公衆送信補償金等管理協会（SARTRAS）が組織され、そこで一定の補償金を支払うことで権利処理等が一括でなされて無許諾使用できる仕組みが整えられてきましたが、昨今の社会情勢により前倒しされた形になりました。

　いずれにせよ世の中の動きを注視し、適法に行うことが必要です。

　子どもたちが持ち帰った児童生徒用端末の管理や機器を活用した学習のいくつかは、家庭の協力が必須です。この意味でも学校と家庭の連携は必然的に密になります。児童生徒用端末の家庭への持ち帰りについて事前にしっかりと説明する必要がありますが、一度軌道に乗れば、家庭の学校に対する理解は、今まで以上に促されるものと考えます。

1 体制整備の必要性

学校体制を整える

　全ての教室に高速通信ネットワークや授業用端末、周辺機器が配置され、子どもたち一人 1 台環境が整った「アップデートされた学校」。それを見据えて、国は令和元年 12 月に「教育の情報化に関する手引」をリニューアルしました。平成 22 年以来のことで、今回は「情報活用能力」が学習の基盤となる資質・能力と位置付けられたことを受けて、内容を全面的に改訂・充実するとともに「プログラミング教育」「デジタル教科書」「遠隔教育」「先端技術」「健康面への配慮」などの新規事項も追加されています。まさに「学校の情報化のバイブル」と言えます。

教育の情報化に関する手引の概要
https://www.mext.go.jp/content/20191219-mxt_jogai01-000003284_001.pdf

また、小中高の各段階の教科等における ICT 活用の具体例を掲載するなど、学校・教育委員会が実際に取組を行う際の参考となるよう作成されています。今後はさらなる「令和の教育改革」に即して図版などを追補したバージョンの公開も予定されています。

　「教育の情報化に関する手引」は、時代の要請や学習指導要領の内容、アクティブ・ラーニング、カリキュラム・マネジメント、指導力向上、校務の効率化、環境整備、学校組織と、学校教育全般について言及しています。このことは、ICT が学校の教育活動にとって必要不可欠なものになっているということを意味しています。授業用端末や児童生徒用端末などは、黒板やチョーク、ノートや鉛筆、教科書などと同じ、授業や学習の道具であり文房具である、ということです。とはいえ、教育 ICT 環境が整えば、自然と先生方の授業が豊かになったり子どもたちの学びが充実したりする訳ではありません。主体的・対話的で深い学びの視点からの授業改善と連動する必要があります。そのためには、学校管理職にはこれまでの学校組織や経営体制を教育の情報化に照らして点検する機会を持ち、必要な人員を配置したり育成したりすることが求められます。先生方にはカリキュラム・マネジメントを推し進め、子どもたちの情報活用能力や言語能力、問題発見・解決能力を高めていく教育課程を編成し実践することが求められます。同時に研修についても、先生方がこれまで培ってきた授業力に ICT 活用指導力が染み入っていくようなものに見直していくことが必要になります。これまでの組織体制や研修の捉え直しが求められています。

　およそ 10 年ぶりに学習指導要領と教育の情報化の手引が改訂され、ほぼ同時に教育 ICT 環境が整備されるこのタイミングは、ICT 活用の視点を持って学校そのものを捉え直したり、学校内外での研修の在り方を制度的にも見直そうとしたり、校内研究を組み立て直してみたりするといった、学校をアップデートする絶好のチャンスです。本章では校内体制の整備や研修、それに伴う先生方の働き方改革について考えてみます。

準備編・体制整備

2 学校CIO

リーダーシップと情報化ビジョンの共有

学校CIO（Chief Information Officer）とは

　学校の設置者である都道府県や市町村などは、その責任において学校情報化推進計画を定めることが努力義務とされています。「教育の情報化に関する手引（令和2年12月）」の第8章1節では「学校のICT化のビジョンを構築し，それに必要なマネジメントや評価の体制を整備しながら，統括的な責任をもって地域における学校のICT化を推進する人材として，教育の情報化の統括責任者である「教育CIO」を教育委員会に配置することが求められる」と述べています。また「実際に統括的な責任をもって学校のICT化を進めるのは，「学校CIO」としての管理職である。また，実際に学校現場を動かすのは管理職であり，特に校長である」としています。

　学校CIOは学校教育の情報化の責任者として環境警備や情報教育の充実、校務の情報化などを推進しなければなりません。

Do! 学校の情報化ビジョンを作成し公開しよう

　国は平成23年に「教育の情報化ビジョン」を公表しました。その中で教育の情報化の役割として「子どもたちの学習や生活の主要な場である学校において、教育の情報化を推進し、教員がその役割を十分に果たした上で、情報通信技術を活用し、その特長を生かすことによって、一斉指導による学び（一斉学習）に加え、子どもたち一人ひとりの能力や特性に応じた学び（個別学習）、子どもたち同士が教え合い学び合う協働的な学び（協働学習）を推進していくことができる」とし、教育の質の向上を目指して、子どもたちの情報活用能力の育成、情報通信技術を効果的に活用したわかりやすく深まる授業の実現、校務の情報化などを推進するとしました。

学校 CIO は国のビジョンや設置者の情報化推進計画を元に学校の情報化推進について計画し、全教職員の共通理解を図ることが重要です。例えば、教育の情報化ビジョンのパンフレットを参考に「学校の情報化ビジョンリーフレット」を作成することが考えられます。学校 CIO が骨子を、教務主任や研究主任らが活用シーンごとの具体を担当するなど工夫すると、作成過程そのものを共通理解の機会にすることができます。完成したリーフレットは校内に掲示するとともに、学校要覧に挟み込んで入学説明会やPTA 総会、学校評議員会等で説明、配布することが考えられます。教育委員会は各学校のリーフレットを集めて web ページに掲載すれば、情報化推進計画の本文を読まなくても、その地域の子どもたちがどのような環境で学んでいるのかわかるようになります。教育委員会、学校、家庭、地域が同じ方向を向いて教育の情報化を進めていくことが大切です。

教育の情報化ビジョン パンフレット
https://www.mext.go.jp/component/a_menu/education/micro_detail/__icsFiles/
afieldfile/2017/06/26/1305484_9.pdf

3 情報化担当教員

 役割の相互理解と育成

学校の情報化担当教員（校内研修リーダー）とは

　平成 26 年に国は「ICT を活用した教育の推進に資する実証事業」を委託して教員の ICT 活用指導力向上方法の開発を行いました。その成果として「校内研修リーダー養成のための研修の手引」が公表されました。ここでいう校内研修リーダーとは、県や市町村の学校管理規則に規定された研究主任や研修主任ではなく、校務分掌によって配置された学校の情報化を推進する担当教員を指します。国や県が実施するリーダー研修や指導者養成研修を受講し、そのカリキュラムや学んだ内容をもとに、研究主任らと協働して先生方の ICT 活用指導力向上を図るための研修を実施・充実させることが主な役割です。

平成26年度文部科学省委託事業
「ICTを活用した教育の推進に資する実証事業」
教員のICT活用指導力向上方法の開発

校内研修リーダー養成のための
研修手引き

校内研修リーダー養成のための研修手引き
https://www.mext.go.jp/component/a_menu/education/micro_detail/__icsFiles/afieldfile/2018/08/10/wg3tebiki.pdf

　各校の校務分掌には情報教育主任などが割り当てられていると思いますが、その先生方には校内研修リーダーとしての役割を担うことが期待されています。

Do! 情報化担当教員を育てよう

　教育 CIO には校内研修リーダーとして活躍できる人材を意図的に育成

し、情報化担当教員として学校に配置していくことが求められます。各都道府県の教育センターで実施される情報教育研修に積極的に参加することを呼び掛けたり、長期研修員として現場を離れて専門的な研修を深める機会を与えたりすることが大切です。独立行政法人教職員支援機構では、喫緊の教育課題に対応する指導者養成研修として「学校教育の情報化指導者養成研修」を実施しています。全国から毎年100名程度の先生方や指導主事、学校管理職等が派遣され、知識だけでなく研修のマネジメントについても学んでいます。各都道府県にはこの指導者養成研修を修了した先生方が必ずいるはずです。教育CIOが市町村の情報教育担当者会などに講師として招くことで、地域の学校の情報化担当教員の研修を充実させ、自身の資質向上へのモチベーションを高めることができます。

　情報化担当教員の育成には、機会の提供ばかりでなく校内研修実施に対する具体的なサポートが必要です。独立行政法人教職員支援機構ではオン

ライン講座として動画配信をしています。校内研修シリーズは、60分間の校内研修での活用を想定した20分ほど講義動画です。校内研修のはじめに視聴し、それを踏まえた演習や発表をするという流れを示しています。そのNo37は学校教育の情報化が、No45はネットいじめの未然防止及び解決に向けた指導と対応がテーマです。こうした情報を

校内研修シリーズ　学校教育の情報化
https://www.nits.go.jp/materials/intramural/037.html

各学校の情報化担当教員に提供することも大切です。

4 ICT支援員

役割の相互理解と配置・拡充

🎯 **子どもたちが安心安全に豊かな学びを進められるように**

　多くの学校は、子どもたち一人１台環境での機器管理、システムトラブル対応の経験がありません。例えば12学級、１クラス30人プラス授業者１人を想定した場合、一斉に372台もの端末が稼働し、通信ネットワークにデータが流れることになります。「令和のスタンダード」では、機器やアプリケーションの使い方支援ばかりでなく、日常的なメンテナンスなども含めて、授業の内外で学校のICT活用をサポートしてくれるような人材が、授業者ではない立場で求められています。それがICT支援員です。

＜ICT支援員の役割＞

学校における教員のICT活用(例えば、授業、校務、教員研修等の場面)をサポートすることにより、ICTを活用した授業等を教師がスムーズに行うための支援を行う。

＜ICT支援員配置＞

・「教育のICT化に向けた環境整備5ヶ年計画」(2018〜2022年度)に基づき、4校に1人の割合でICT支援員を配置できる経費について地方財政措置が講じられている。
・地方公共団体で配置されているICT支援員の数は平成30年度末で約2,300人※
※ただし、ICT支援員の事務を、業務委託契約により実施している地方公共団体においては、ICT支援員の人数を把握できないものもある。

＜ICT支援員の必要性＞ 新学習指導要領に即した学びを実現していくためにはICTの活用が重要

・ICTを活用した教育を推進するためには、教師をサポートするICT支援員が重要な役割を果たす。
・ICT環境整備の状況や教員のICT活用指導力は自治体ごとに異なっており、自治体の状況に応じてICT支援員に求められる能力も多様化している。

＜ICT支援員の具体的な業務例＞

① 授業支援(授業計画の作成支援、ICT機器の準備、操作支援等)
② 校務支援(校務支援システムの操作支援、HPの作成・更新、メール一斉送信等の情報発信の支援等)
③ 環境整備(日常的メンテナンス支援、ソフトウェア更新、学校や地域ネットワークセンター等のシステム保守・管理、ネットワークのトラブル対応、ヘルプデスク等)
④ 校内研修(研修の企画支援、準備、実施支援等)

ICT支援員について
新しい時代の初等中等教育の在り方特別部会(第6回)資料1-3
https://www.mext.go.jp/kaigisiryo/content/20200221-mext_syoto02-000005101_4.pdf　p.8より

📋 ICT支援員の役割とは

　ICT支援員の具体的な業務内容は「教育の情報化に関する手引（令和元年12月）」の第8章第2節に詳しく述べられていて、授業支援、校務支援、環境整備、校内研修の4つで整理されています。ここで述べられているように、ICT支援員の役割は導入期と普及期で変化します。はじめは機器やアプリケーションの操作支援や障害トラブル対応が多いかもしれません。しかしその時期が過ぎれば、今度は授業での利活用や授業改善に関係する支援や研修企画、助言をすることが多くなります。ICT支援員には教育にまつわるICTに関する高度な知識とスキルの他にも、学習指導要領に示されている教育内容や方法、先生方のマインドや業務の特殊性などを理解しておくことが求められることになります。ICT支援員の業務に関する最終目標は「先生方や子どもたちが自立的にICTを活用できるように、それぞれのICTリテラシーを向上させる」ことです。そのためには、いわゆる「教育ICTのプロ」としての高い意識を持つことが大切です。役割の重要性から、雇用条件や学校内での立場がきちんと保証される必要があります。

Do! 長い懸案に終止符を打とう

　ICT支援員の必要性は、10年以上前から指摘されてきました。国の有識者会議「学校のICT化のサポート体制の在り方に関する検討会」（平成19年）では報告書の中で「授業におけるICT活用が進まない理由について「ICT活用をサポートしてくれる人材がいない」との回答が、小中学校、高等学校ともにほぼ7割にも達している」と指摘しました。最大の課題は、市町村の財政状況が厳しい中人件費をまかなう余裕がないことでした。そこで国は「教育のICT化に向けた環境整備5か年計画」で4校に1名程度のICT支援員の配置を挙げ地方財政措置を行うこととしました。すでに民間ではICT支援員や教育情報化コーディネータの資格認定が行われています。必要性の議論は終わりにして、有資格者の積極な雇用や外部コンサルタントとしての招聘などの具体的な方策を講じることが重要です。

5 カリキュラム・マネジメント

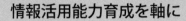

情報活用能力育成を軸に

 情報活用能力を育てるために

　小学校では令和 2 年度から、中学校では令和 3 年度から完全実施となる学習指導要領（平成 29 年告示）では、情報活用能力（情報モラルを含む）を、言語能力や問題発見・解決能力と並ぶ、学習の基盤となる資質・能力であると位置付けました。同解説では情報活用能力を「学習活動において必要に応じてコンピュータ等の情報手段を適切に用いて情報を得たり，情報を整理・比較したり，得られた情報をわかりやすく発信・伝達したり，必要に応じて保存・共有したりといったことができる力であり，さらに，このような学習活動を遂行する上で必要となる情報手段の基本的な操作の習得や，プログラミング的思考，情報モラル，情報セキュリティ，統計等に関する資質・能力等も含むものである」と説明しています。

カリキュラム・マネジメントとは

　情報活用能力や言語能力、問題発見・解決能力などの資質・能力を育成するためには、各教科で学んだ内容や方法を横断的に活用する学習を充実したり、単位時間だけでなく単元や時間、人的・物的リソースを総合的に捉えたりして、授業改善を図ることが求められます。学習指導要領は「児童や学校，地域の実態を適切に把握し，教育の目的や目標の実現に必要な教育の内容等を教科等横断的な視点で組み立てていくこと，教育課程の実施状況を評価してその改善を図っていくこと，教育課程の実施に必要な人的又は物的な体制を確保するとともにその改善を図っていくことなどを通して，教育課程に基づき組織的かつ計画的に各学校の教育活動の質の向上を図っていくこと」が重要であると指摘し、カリキュラム・マネジメント

として新たに示しています。

Do! カリキュラム・マネジメントモデルで組み立てよう

　国は平成28年から3年間にわたって「次世代の教育情報化推進事業（情報教育の推進等に関する調査研究）」を実施しました。そのプロジェクトの一つとして行われたIE-School事業では、情報活用能力を教科横断的に育成するためにはどうすればいいのかについて、カリキュラム・マネジメントの3つの側面を時間軸で整理し、モデルを示しました。

　アップデートされた学校に向けて、子どもたち一人1台環境を整備し始める時期は、このモデルの「準備期」と言えるでしょう。教育CIOのリーダーシップのもと、情報化担当教員やICT支援員の配置を進めて校内の推進体制を整え、情報教育の目標をより具体化したり、外部との連携を模索・強化したりしておくことが大切です。

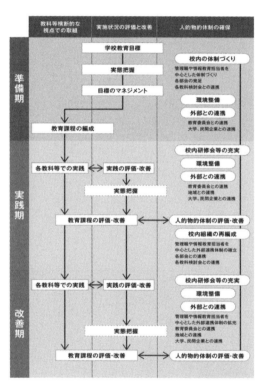

準備編・体制整備

情報活用能力育成のためのカリキュラム・マネジメントモデル
https://www.mext.go.jp/component/a_menu/education/micro_detail/__icsFiles/afieldfile/2019/09/18/1416859_01.pdf
p.41 より

6 校内研修

時代に対応した指導力

ⓖ ICT活用指導力向上に向けて

　教員の ICT 活用指導力の状況は、平成 18 年度から毎年調査が行われて結果が公表されてきました。推移を見ると調査開始以来一度も前年を下回ることがなく、順調に力量形成が図られてきたことがわかります。しかし「調査項目が、昨今の ICT 環境の進展に対応した指標になっていない」「アクティブ・ラーニングの視点に立った授業改善の観点が不足している」などの指摘から、平成 30 年度に調査項目の見直しが行われました。

　平成 31 年 3 月現在の調査結果を見ると、4 つの大項目のうち A と D は平均が 80％を超えているのに対し、B は 70％未満、C は 70％程度と 10 ポイント以上の違いがあることがわかります。

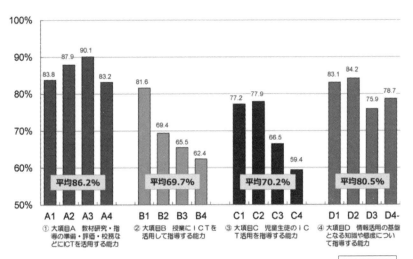

教師の ICT 活用指導力（平成 31 年 3 月調査）
https://www.mext.go.jp/content/20191219-mxt_jogai01-000003284_003.
pdf　p.189 より

Do! 先生方のニーズに合わせた研修内容を工夫しよう

中でもＢ２、Ｂ３、Ｂ４、Ｃ３、Ｃ４は、他の小項目に比べてかなり低い印象を受けます。Ｂ３は「個別最適化」、Ｃ３は「Office スイート活用」、Ｂ２、Ｂ４、Ｃ４は「協働」に関する内容であると捉えると、子どもたち一人１台環境を前提とした、先生方の ICT 活用指導力を向上させるための研修内容が見えてきます。

「個別最適化」については、調査時点でオンラインデジタルドリルなどが整備されていないことが、低かったことの原因の一つと考えられます。アップデートされた学校では授業中や放課後、家庭でもオンラインデジタルドリルを使って習熟を図る機会があります。授業に活用して指導するとなれば「どのタイミングで取り組ませるか」「学習の状態や成果をどう見取るか」「１人ひとりの進捗の違いにどう対応するか」など、これまでの学校研究でも大切にされてきた視点について、継続して研修する必要があることがわかります。

「Office スイート活用」については、作文指導でワープロソフトを使う、算数・数学のデータ分析で表計算ソフトを使う、社会や総合的な学習の時間での発表にプレゼンテーションソフトを使うなどといった、利活用シーンと効果について知ることから始めると良いでしょう。学校外の事例を調べ紹介し合う研修も効果的です。

「協働」については、授業支援システムの機能と使い方を研修することで、子どもたちの考えを比較するときの提示方法や、レポートや作品の協同製作のさせ方などがわかるようになります。先生方自身が子どもたちになったつもりで、模擬授業などを取り入れつつ利用してみることから始めると、活用のアイディアが湧いてきそうです。

校務や教材研究などでの ICT 活用や情報モラル・セキュリティの指導を含め、ICT 活用指導力は全ての先生方に求められる基本的な資質能力であると言えます。OJT（On the Job Training：仕事の遂行を通して訓練をすること）も利用しながら、継続的な研修体制を整えることも重要です。

7 授業改善

ICTを活用したアクティブ・ラーニングへ

主体的・対話的で深い学びのために

　学習指導要領（平成29年告示）では「生きる力」がより具体化され、各教科等で育成を目指す資質・能力として示されました。同解説では「子供たちが，学習内容を人生や社会の在り方と結び付けて深く理解し，これからの時代に求められる資質・能力を身に付け，生涯にわたって能動的に学び続けることができるようにするためには，これまでの学校教育の蓄積を生かし，学習の質を一層高める授業改善の取組を活性化していくことが必要であり，我が国の優れた教育実践に見られる普遍的な視点である「主体的・対話的で深い学び」の実現に向けた授業改善（アクティブ・ラーニングの視点に立った授業改善）を推進することが求められる」としています。

⬛ アクティブ・ラーニングの視点に立った授業改善とは

　主体的・対話的で深い学びの実現に向けた授業改善の具体的な視点は、平成28年の中央教育審議会答申「幼稚園，小学校，中学校，高等学校及び特別支援学校の学習指導要領等の改善及び必要な方策等について（答申）」に示されています。

　①学ぶことに興味や関心を持ち、自己のキャリア形成の方向性と関連付けながら、見通しをもって粘り強く取り組み、自己の学習活動を振り返って次につなげる「主体的な学び」が実現できているかという視点。

　②子供同士の協働、教職員や地域の人との対話、先哲の考え方を手掛かりに考えること等を通じ、自己の考えを広げ深める「対話的な学び」が実現できているかという視点。

③習得・活用・探究という学びの過程の中で、各教科等の特質に応じた「見方・考え方」を働かせながら、知識を相互に関連付けてより深く理解したり、情報を精査して考えを形成したり、問題を見いだして解決策を考えたり、思いや考えを基に創造したりすることに向かう「深い学び」が実現できているかという視点。

Do! 学習過程におけるICT活用例を参考にしよう

これらを受けて「次世代の教育情報化推進事業（情報教育の推進等に関する調査研究）」のプロジェクトの一つとして行われた ICT-School 事業では、収集した実践事例における ICT 活用が、各教科の学習過程のどの段階で用いられているかを整理しました。

この他にも国語科、理科、体育科などについて事例とともに紹介されています。これらを校内研修の授業研究などで参考にし、どのような ICT をどのように活用できるのかを客観的に検討することが期待されます。

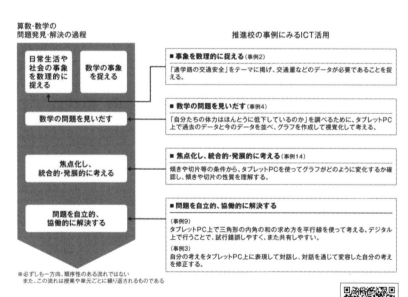

算数・数学科（算数・数学の問題発見・解決の過程）における ICT 活用
https://www.mext.go.jp/component/a_menu/education/micro_detail/__icsFiles/afieldfile/2019/06/04/1416859_03.pdf　p.11 より

〈 Ⅱ 体制整備 〉

8 校内研究

ICT活用をベースに

子どもたちの学びを豊かにするために

　校内研究は先生方に課された努力義務である研修の一環として、授業実践を中心に、世の中の変化や要請に対応する学校教育を追求するために行います。学習指導要領に準拠して、子どもたちの学びをよりよくしていくためにはどのような手立てを講じる必要があるのか、先生方が協働的に探究する過程であり、先生方に求められる資質・能力の一つである指導力の向上を目指します。

一人1台時代の校内研究とは

　校内研究の理念や進め方は、これまでも教育センターなどが示してきたものから大きく変える必要はありません。子どもたちや地域の実態を反映した学校教育目標や目指す児童像をベースに研究主題を定め、必要に応じて副題や仮説、視点を設定し授業改善していくといった手順も変える必要はありません。

　しかし内容や手立てはこれまで通りというわけにはいきません。情報活用能力が子どもたちの学習の基盤となる資質・能力の一つとして学習指導要領に掲げられたからです。小学校学習指導要領解説総則編では第3章教育課程の編成及び実施の中で「今回の改訂においては，コンピュータや情報通信ネットワークなどの情報手段の活用について，こうした情報活用能力の育成もそのねらいとするとともに，人々のあらゆる活動に今後一層浸透していく情報技術を，児童が手段として学習や日常生活に活用できるようにするため，各教科等においてこれらを適切に活用した学習活動の充実を図ること」としています。子どもたちのICT活用は授業の前提とも言

デスクトップPC一人1台を活用した研究授業の様子

えます。これからの校内研究は、子どもたちがICTを学習の道具として当たり前のように活用する授業において、子どもたちが教科・領域等の目標に到達するための授業を探究することが大切です。

Do! 子どもの姿で校内研究の評価をしよう

　校内研究は年度末に成果と課題を明らかにし次年度に繋げます。校内研究の評価は主に子どもたちの姿の変容でなされるべきです。先生方がICTを使うことがメインだったころは「その授業でICTを使う必要はあったのか」「そのICTは授業に役立つのか」を洗い出して先生方で共有することも必要なことでした。例えば「導入時に資料を大型提示装置で見せることは、子どもたちの興味関心を高めるのに効果的だ」ということがわかっているのはその成果です。

　したがって今では「授業に大型提示装置は必要か」を議論することはありません。むしろ「いつ、何を、どう見せるか」が話題になり、それが良かったかどうかは「子どもたちはよりよく学べたのか」という視点で評価されるべきです。子どもたち一人1台環境でも同じで、子どもたちがICTを使って学習した結果を見極めていくことが大切です。

111

〈 Ⅱ 体制整備 〉

9 校外連携体制

 大学や企業とのタッグ

より「開かれた学校」になるために

　教育 ICT 活用に限らず、学校教育全般において先生方とともに子どもたちの成長に関わる人材を活用し、学校教育目標の達成を目指すのが「開かれた学校」です。これからの子どもたち一人 1 台環境の学校では ICT 支援員の存在は必須のものとなりますが、これまで以上に ICT を活用した授業の質を高めていくことが大切です。校内研究のベースとなる教育理論の学び直しや ICT 活用指導力向上には、学校現場を研究フィールドとする研究者からの指導助言などが大変有効です。また最近では社会貢献事業として学校の求めに応じてゲストティーチャーや研修講師を派遣している企業や学校教育専門のコンサルティング会社もあります。

ICT活用教育アドバイザー派遣事業とは

　国は平成 27 年度から「ICT 活用教育アドバイザリーボード」を設置して、求める自治体に対してアドバイザーを派遣する事業を行っています。平成 30 年度には 45 名のアドバイザーが全国の自治体や学校に対して ICT

ICT 活用教育アドバイザー
派遣事業の概要
https://www.mext.go.jp/component/a_menu/education/micro_detail/__icsFiles/afieldfile/2019/01/08/1412288_1.pdf

を活用した教育の推進計画や ICT 機器整備計画策定の在り方などについて助言を行いました。平成 29 年度の事業の成果は「地方自治体のための学校の ICT 環境整備推進の手引き」として公表されています。主に地方自治体の情報教育担当者に向けた内容ではありますが、大学や企業との連携を考えるときの参考になります。

Do! 実証の場を提供しよう

　大学等の専門的な研究者との連携を、教育委員会了解のもと学校単位で行っている事例もあります。大学が研究開発している教育方法やシステムを学校 CIO の裁量で導入し、先生方や子どもたちが活用することで知見を得るというやり方です。同じように、教育コンサルティング会社や教育用アプリケーションを開発している企業とタッグを組むことで、先生方や子どもたちに最新の ICT 教育環境を届けている学校もあります。自治体や学校を公募している企業や企画もあるので見逃さないことも大切です。

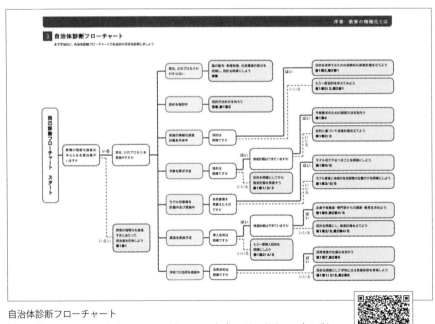

自治体診断フローチャート
https://www.mext.go.jp/component/a_menu/education/micro_detail/__
icsFiles/afieldfile/2018/08/29/1386784_4.pdf　p.4 より

準備編・体制整備

10 校外研修

機会の保証と情報提供

 絶えず学ぶ教師でいるために

　昔から研修とは「研究と修養」だと言われます。学校における研究は、教材や授業などを対象に「物事を詳しく調べたり、深く考えたりして、事実や真理などを明らかにすること」あり、修養は「知識を高め、品性を磨き、自己の人格形成につとめること」です（どちらもデジタル大辞泉より）。教育基本法にもあるとおり、先生方には絶えず研究と修養に励む努力義務が課せられています。独立行政法人教職員支援機構や都道府県市の教育センター、一般財団法人日本私学教育研究所では、先生方のライフステージや職能等に応じた研修が計画的に実施されています。「初任者研修」や「中堅教諭等資質向上研修」などはその代表と言えます。国公私立によって多少の違いはありますが、先生方には出張や派遣でこれらの研修に参加する機会が与えられています。学校教育課題に応じた先進校視察なども研修の一環です。

教師にとっての「豊かな学び」とは

　学習指導要領の改訂に合わせたアクティブ・ラーニングやプログラミング教育、SDGs、ICT活用などの教育課題に対応していくために、先生方はそれぞれのニーズに応じた研修を求めています。また教室の子どもたちの実態から学級経営、ユニバーサルデザイン、教育方法の事例を知り、明日の授業に役立てたいと考えています。より積極的な先生方は学びの機会の情報を得て、全国で行われるセミナーなどに私費で参加しています。私費での参加は自由がきく代わりに経済的な負担が大きく、意欲があってもなかなか難しいという先生方も少なくありません。教育委員会や校長先生

は、学校経営にとって有意義な内容と認められる土日（教育公務員の関係法規では週休日と言います）開催のセミナー参加などは出張扱いにする、テレビ会議システムを使って自宅から参加できるセミナー等の情報を広報するなどを前向きに検討する必要があると思います。土日の出張は旅費の支給はもちろん、妥当性や公平性が求められるし勤務の割り振りなどが必要なのでハードルが高いかも知れません。特に勤務時間の割り振りについては関係条例や規則を精査し、例えば決められた期間内での4時間振替が可能であるならば適正に運用するなどして、先生方の学びの機会を保証することが大切です。

情報リテラシーセミナー＠東北大学
https://www.is.tohoku.ac.jp/LItNEX/seminar.html

Do! 先生方の手元に研修会の情報を届けよう

　公的な研修は年度初めに立案する研修計画に沿って申込みをして参加します。これまで私的な研修と見なされてきた土日のセミナーなどは、都募集が行われたり企画が発表されたりすることも多いですが、連続的に開催されているセミナーもあり、参加を計画しやすくなっています。例えば東北大学大学院情報科学研究科では情報リテラシー連続セミナーを開催しています。ICT活用や情報教育関連に留まらず、全国から第一線で活躍する講師を招聘し、先生方へ学びの機会を届けています。

11 情報共有

ICTを活用した家庭や地域との連携

🎯 効果的にわかり合うために

　学校から各家庭や地域への情報発信の方法として、学校便りなどのプリントだけでなく web サイトを活用している学校はかなりの数に上ると思います。中には一年以上も更新されていない web サイトもありますが、多くの学校は毎月の学校便りを PDF にして公開するなど、定期的に更新しているようです。学校 web サイトを有効に活用している事例として、ブログを運用している学校があります。学校行事や集会活動、子どもたちの学習の様子など写真を交えて紹介しているので、親しみやすく学校理解が促されます。各学校や教育委員会では「顔が映っている写真や作品の掲載は本人と保護者の了解を得る」「個人が特定されないように配慮する」「右クリックでのコピーや保存を制限する設定にする」といった個人の権利を守るためのガイドラインを策定していることと思いますので、それも学校 web サイトに掲載するとよいでしょう。

効率的な学校webサイトの運用とは

　現在の学校 web サイトは教育委員会で CMS（Content Management System：コンテンツ管理システム）を運用、管理し、更新は学校ごとに行っているケースが多いのではないでしょうか。CMS は以前の web サイト運用と比べてかなり効率的ですが「それでもなかなか大変だ」という声を聞きます。原因はいくつか考えられます。一つは学校 web サイト更新の担当者が情報主任 1 人である場合です。学校 web サイト更新用 ID を全職員分用意し、どの先生でも校務用端末からであれば更新できるようにすることで負担は分散されます。学校向けの CMS にはコンテンツ公開の一次承

学校専用 CMS の例
OpenSchool CMS
https://www.uchida.co.
jp/education/solution/
openschoolcms/ より

認を学校 CIO が、二次承認を教育委員会が行うようにできる製品があります。万が一の責任の所在も明確になるので、先生方の心理的負担も軽減できます。ただし CMS 操作や ID 管理、ガイドライン等について、先生方全員が研修する必要があります。この研修は先生方の情報モラル研修であるとも言えます。

Do! メディアごとの特長を知ろう

　緊急時の対応などにメール配信を利用している学校も多いと思います。メールの内容や文章は教頭や教務主任が作成し最終的には学校 CIO の決済を受けて配信するというのが一般的な流れです。登録方法に一定の基準を設定することで学校関係者以外への一次情報の提供を制限できるという特徴があります。一方、今ではメールだけではなく SNS で情報発信している学校もあります。SNS は利用者であれば誰でも情報に触れることができるので、広報手段としてとても有効です。メール配信との違いは、その情報の受け手を制限するには手間がかかるという点です。つまり学校とはまったく関係のない第三者によって一次情報が容易に拡散される可能性があるということです。大切なことは、学校 web サイト、メール、SNS などの特長を先生方がよく知っておくことです。地域や家庭、子どもたち向けの情報モラル教室は広く行われていますが、先生方自身の情報モラルやリテラシーの向上を目的とした校内研修が継続的に行われているという話はあまり聞きません。「保護者や子どもたちと個人的に連絡を取り合うことのないように」という規制はもちろん必要ですが、計画的な研修も大切です。

12 働き方改革

 学校をよりよいものにするために

🎯 教育活動の効果を高めるために

　国は「教師のこれまでの働き方を見直し、自らの授業を磨くとともに、その人間性や創造性を高め、子供たちに対して効果的な教育活動を行うことができるようにすることを目的」に先生方の働き方改革を推進しています。令和元年度の「教育委員会における学校の働き方改革のための取組状況調査」を受けて令和2年2月に取組事例を公表しています。事例には業務の精選や見える化、組織マネジメントの事例が掲載されていますが、ICT を活用した内容もあり参考になります。

📝 学校独自で取り組める内容とは

　先生方の働き方を変えるには、現行の教育法規や学校管理規則の規定内でも校長の権限でできる制度変更に着手することが最重要です。例示の学校では、学期は3学期制のまま通知表の発行を年2回にし、長期休業前に国算理社の4教科について資料を配付することにしました。通知表の発行頻度を下げることで先生方の業務量を減らすと同時に、家庭が子どもたちの成績を振り返る機会を増やしている点に注目です。4教科の成績チャートは点数入力さえしておけば自動生成されるので、先生方の新たな業務負担なしで、家庭との関係性をさらに深めることに繋がっています。またこの学校では、家庭から学校への連絡もデジタル化しています。例えば学校評価の集計や報告書作成については、これまでもマークシート化して自動読み取りにする工夫がありましたが、保護者の入力からデジタル化することでかなりの省力化が図られます。日常的な欠席等の連絡もテキスト入力によって履歴が残るので、人的ミスの削減にも繋がります。これらは全て、

いわゆる学校裁量で実現可能です。

学校の取組事例
https://www.mext.go.jp/content/20200220-mxt_zaimu-000005095_1.pdf　p.1 より

[Do!] 管理職の業務効率化も合わせて考えよう

　これらの取組は学校管理職、特に教頭先生の働き方改革にも繋がっています。通知表には「学校からの連絡」として先生方が保護者に向けて所見を記述します。所見は担任の先生が作成し、下書きの段階で成績一覧とともに教頭先生に提出します。教頭先生は、成績との整合性や文章内容、文言や言葉遣いまでもチェックして返却します。これには膨大な時間と労力がかかっていました。通知表の発行頻度が下がればずいぶんと違ってきます。学校評価も、配布回収は担任の仕事ですが集計やグラフ化、報告書作成は主に教頭先生の業務です。年度末の多忙な時期の教頭先生の業務効率化は非常に効果的です。管理職に少しでもゆとりが生まれれば、先生方や支援員への目配りが細やかになり、子どもたちとの直接的な関わりも一層増やすことができるので、安定した学校経営に直結します。

アップデートされた学校になるために

10年共通の学習指導要領を土台として、いかに柔軟に対応していくかが鍵

◉アップデートし続けることは必要要件に

　学習指導要領は一部改正などを除けば、10年に1回の改訂が行われてきました。学習指導要領は、言わば日本の教育の土台であり、建築に例えるなら現在はちょうど基礎工事を終えたところと言えます。本書では、この基礎工事の上にどのような建物を建てられるのか、建てた建物の中でどのような学習活動が行われるのか、従来との違いについて見てきました。特に今回の学習指導要領の改訂は、この先10年間の中でアップデートし続けることが求められていると考えられる点が多々あります。それはまさに変化が前提とされるSociety5.0の学習指導要領らしい点と言えます。

◉遊びのように見えても勉強

　今後必要となる資質・能力を育むためには、指導方法のアップデートが欠かせません。指導に当たっては、どのような教材を活用するかが鍵となりますが、無料で利用できる教材も沢山公開されています。例えば、プログラミングに関する学習教材の中には、まるでゲームのように見える学習サイトもあります。例えば、Blockly Games（図1左：https://blockly.games/）やHour of Code（図1右：https://hourofcode.com/jp/learn）では、パズル形式のスモールステップで学習が進められます。これらの学習サイトは、とても上手に設計されており、児童でも無理なく短時間で独学できるよう、動画での解説やヒント機能が充実しており、先生が児童の進捗状況を確認できるものもあります。プログラミングに関する基礎的な知識や技能の指導には、こうした学習サイトも大胆に活用してはどうでしょうか。特に入門的な内容であれば、例えば週に一度でも、朝に設けている学校独

自の活動時間に児童にクラス毎一斉に取り組ませることが考えられます。また、応用的な内容であれば、興味のある児童向けには昼休みなどの休み時間に取り組ませることも一考です。もちろん、授業の中で少し時間をとって、先生が指導する代わりにこうした学習コンテンツに取り組ませて、基礎的な知識・技能を習得させることもできるでしょう。ほとんどの児童は独学で進められるはずですが、中には理解が難しい児童もいるかもしれません。先生はそうしたつまずいている児童に対して、個別にケアすることで、より個に即した指導が行えます。

⊙環境的整備としてのフィルタリングのアップデート

　しかし、こうした学習サイトは、場合によってはゲームサイトとしてフィルタリングに引っかかってしまうかもしれません。新たな学習サービスは次々出てくるため、ネットワークの設定やフィルタリングの設定を柔軟に見直していくことが求められます。つまり、機器更新のタイミングで一端入れたら・一度設定したら終わり、とはならないのです。これは、「教育の情報化に関する手引」のp.80でも言及されています。ICT機器及び環境というハード的な視点と、それらをどう利用していくか、授業そのものをどう再構成するかというソフト的視点の両方のアップデートが求められているのです。

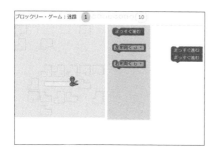

図1　プログラミングの基礎を独学できる学習サイトの例

⊙「デジタル」が鍵のアップデート

　では、学習環境面の整備の本質をアップデートの視点で見てみます。教室でのICTを活用した学習活動で利用頻度が高いのは、大きく写す「大型提示装置」です。これはテクノロジーの視点では、図2のような変遷です。

図2　大きく写すテクノロジーの変遷

　新たなテクノロジーが採用されるたびに、その特長を活かす使い方や指導方法が研究されてきました。この過程で特筆すべき点は、「テレビで映す」以降から指導方法に与える影響が増しているということです。それは「デジタル」な情報を扱えるようになったからです。

⊙デジタル化された情報を扱えるということ

　本書における一連の実践や提案のほとんどは、デジタル化された情報を扱えるようになったからこそ可能になったものです。「教育の情報化に関する手引」のp.15には、以下のように書かれています。この内容は、今

---

①多様で大量の情報を収集，整理・分析，まとめ，表現することなどができ，カスタマイズが容易であること
　　◇文書の編集，表・グラフの作成，プレゼンテーション，調べ学習，試行の繰り返し，情報共有
②時間や空間を問わずに，音声・画像・データ等を蓄積・送受信でき，時間的・空間的制約を超えること
　　◇思考の可視化，学習過程の記録，ドリル学習
③距離に関わりなく相互に情報の発信・受信のやりとりができるという，双方向性を有すること
　　◇瞬時の共有，遠隔授業，メール送受信等

後児童生徒一人１台環境が整うことで、さらに価値が高まるでしょう。新学習指導要領の総則では、「児童がコンピュータで文字を入力するなどの学習の基盤として必要となる情報手段の基本的な操作を習得する」ことが規定されています。これは、単にスキルを習得するだけでなく、その先にある、デジタル化された文字情報が即時的に共有できること、保存・蓄積・検索・加工ができるといった情報活用能力を発揮する授業を求めていると考えることができます。情報がデジタル化されることで効率的に検索できるようになり、教科を横断して既習事項を参照することも容易になり、教科間連携もしやすくなるのです。

◉学習方法・学習内容という側面でのアップデート

　ICT の活用は、デジタルの特長を活かした授業改善という視点で語られることがあります。これは日本に限った話ではなく、世界的にも課題とされています。有名なものに、Ruben(2010) による、教育への ICT の導入による授業の改善をモデル化した SAMR（http://hippasus.com/resources/sweden2010/SAMR_TPCK_IntroToAdvancedPractice.pdf）というものがあります（図3）。下段の２つは、手法の強化として位置づけられ、従来の手法を置き換えることができるかどうか (Substitution)、拡張できるかどうか (Augmentation)、そして上段は、授業の在り方の変革として位置づけられ、ICT の特長を活かせるように授業を変容できるかど

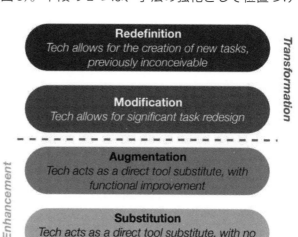

図3　SAMR モデル：Ruben(2010)

うか (Modification)、そして授業の在り方そのものを見直し新たな学習活動を促進できるかどうか (Redefinition) というものです。「教育の情報化に関する手引」の第4章で示された、ICT を効果的に活用した学習場面の10の分類例についても、この SAMR モデルをイメージしながら読んでみてください。

　新型コロナウィルスの影響が教育に与える影響は計り知れません。学校や自治体によっては、遠隔授業を行って児童生徒の学びを止めない工夫をしたところもあるようです。これらが可能になったのは、ICT の普及とデジタルなデータ処理が行えるようになったことに他なりません。遠隔授業においても、やはり SAMR モデルのように、従来の対面型の授業の何を置き換えられるのか、から考えてみてはいかがでしょうか。

　なお遠隔教育については、文科省より「遠隔教育システム活用ガイドブック」（https://www.mext.go.jp/content/1404424_1_1.pdf）が平成31年3月31日に出されました。環境構築から授業の事例、Q&A など情報が整理されておりますので、是非参考にしてみてください。

⊙ ICT を活用した主体的・対話的で深い学びの実現に向けた授業改善

　ところで、小学校学習指導要領の総則でプログラミングについて言及されている箇所は「主体的・対話的で深い学びの実現に向けた授業改善」という箇所なのです。プログラミング教育は単に行えば良いわけではなく、プログラミング教育のねらい（p.74）の3つをバランス良くどう育成する授業ができるか－それこそ redefinition できるか－を考えることが重要であることがわかります。これは、先生に対して柔軟な「授業観」を求めています。先の述べたプログラミングの学習サイトでは、多様な学習方法が提供されています。「勉強」や「頑張る」ということに対して、辛いことを耐えるものである、孤独に、お行儀良く、黙々と、というスタイルが常に必要なのか考えると共に、学習習慣や学習規律をどのように習得させていくのかについて見直していく必要もあるのではないでしょうか。

⊙児童生徒に手段を任せ、生きた情報モラル指導を

またICTの機器整備が進むと、学用品としての認知も高まるはずです。児童生徒にICTの使い方を規定し管理的な利用をさせるだけでなく、目的・ゴールを示し、それに対する手段を任せる指導も増やしたいものです。これは、知識伝達型の授業よりも、探究活動・課題解決型の授業の方が馴染みやすく、同時に情報活用能力の育成にとっても意味のあることです。例えば、第2章の実践事例報告④で紹介されたさとえ学園小学校の事例ではルーブリックを示して課題を設定し、自分たちでゴールに向かう手段を考える中で、写真の撮影やホワイトボードテーブルに書くことを児童が主体的に選択し活用する姿が見られたのは、ICTだけに限定しない機器整備による探究活動・課題解決型の授業といえます。そして、こうした活動ができるのは、QRコードを読み込み、デジタルポートフォリオに書きこんだ評価が自動的に集約されるというデジタルでしかできない仕組みがあるからです。

とはいえ、児童生徒に対してICTの使い方を任せるには、情報モラルの指導をセットで考える必要があります。従来の情報モラルの指導は、学校生活や学習活動と無縁で、機を捉えた指導が難しいものでした。コンピュータを介した対話的な学びや、オンライン上でのコメント発表、機器の扱いや、健康への影響などについて触れる機会があることで、必然性があり具体的な情報モラルの指導が可能になります。先の、さとえ学園小学校の事例にあった「レベルアップ制度」はユニークな取り組みと言えます。誘惑に負けたりしながら自己を律しつつ成長し、教師から信頼の元、学習活動の手段の選択が増えていく仕組みは、他の学校にとっても大いに参考となることでしょう。

⊙教師の見取りとデータによる児童生徒理解

p.78にて校務の情報化に関して紹介していますが、先生たちにとって、児童生徒理解を充実させることと、様々な事務的負担を軽減できることは働き方改革の点においても重要です。

児童生徒理解という点では、人工知能等を活用したオンラインデジタルドリルについて説明しています。ドリルや宿題を回収し先生が確認する目的の１つは、児童生徒がどこでつまずいているのか把握し、指導上の手立てを検討することです。しかし、従来の方法では、多くの手間と時間を必要とするうえ、児童生徒の解答傾向をつかみ適切な指導指針を出すには、経験も必要になってきます。そこで、デジタルな方法で課題を提出し、学習履歴を蓄積することで、AI等も活用し指導方略の目処をつかめるようになります。そして、データから得られた結果に対して、普段の児童生徒の様子の定性的な見取りが加わることで、より多面的な解釈が可能になります。

◉求められる教員養成へのアップデート

　もちろん、これまでのチョークと黒板という授業スタイル自体が問題というわけではありません。しかし、これまで見てきたように ICT はデジタルなデータを自在に処理できるので、授業の在り方が大きく変わります。大学で教員養成を担う教科教育の先生や教職大学院の先生、そして教育実習生を受け入れる学校は、このことを真に理解する必要があります。アップデートされた学校には、アップデートできる先生が不可欠です。そうした先生は、「学び続ける教師」とか、「イノベーティブ・ティーチャー」等と称されることがあります。GIGA スクール構想によって学校の学習環境が具体的に整備されていく中で、教育の情報化に対する理論と実践の往還が一層重視されることでしょう。

　今後も ICT は、情報化社会の発展に呼応する形で新機能が追加され、新しいプログラミング言語も開発されていきます。恐らく学習指導要領に含まれる内容としては、最もアップデートの頻度が高くなるのではないでしょうか。現在の教員養成においては、「各教科の指導法（情報機器及び教材の活用を含む）」が扱われることになっておりますが、今後の教科教育の中で、より充実したいものです。先に示した、SAMR モデルを意識しながら、今の時代に求められる授業観を持たせられるように、教員養成のアップデートにも期待したいところです。

総論

堀田龍也
（ほりた たつや）

国立大学法人東北大学大学院情報科学研究科・教授
博士（工学）

■職歴

東京都公立小学校教諭，富山大学教育学部助教授，静岡大学情報学部助教授，独立行政法人メディア教育開発センター准教授，玉川大学教職大学院教授，文部科学省参与（併任）等を経て，2014年より現職

■外部委員等

中央教育審議会委員，同 初等中等教育分科会委員，同 新しい時代の初等中等教育の在り方特別部会委員，同 教育課程部会委員。文部科学省 情報活用能力調査に関する協力者会議主査，同「教育の情報化に関する手引」作成検討会座長，同「デジタル教科書」の位置付けに関する検討会議座長，同 小学校段階における論理的思考力や創造性、問題解決能力等の育成とプログラミング教育に関する有識者会議主査，同 学校における ICT 環境整備の在り方に関する有識者会議座長等多数歴任

■著書等

堀田龍也・赤坂真二・谷和樹・佐藤和紀著（2019）『「これからの教室」のつくりかた』学芸みらい社，堀田龍也・佐藤和紀編著（2019）『情報社会を支える教師になるための教育の方法と技術』三省堂，堀田龍也編著（2018）『新学習指導要領時代の間違えないプログラミング教育』小学館，黒上晴夫・堀田龍也監修（2017）『プログラミング教育導入の前に知っておきたい思考のアイディア』小学館，近藤勲・黒上晴夫・堀田龍也・野中陽一著（2015）『教育メディアの開発と活用』，ミネルヴァ書房，堀田龍也監修（2015）『「校務の情報化」で学校経営がこう変わる』教育開発研究所，堀田龍也編著（2010）『わたしたちとじょうほう 3・4年』『私たちと情報 5・6年』（改訂版）学習研究社，堀田龍也著（2004）『メディアとのつきあい方学習』ジャストシステム 等

為田裕行
（ためだ ひろゆき）

| フューチャーインスティテュート株式会社 代表取締役
教育 ICT リサーチ 主宰

■経歴

慶應義塾大学総合政策学部卒業後，大手学習塾企業へ就職。一斉指導、個別指導，合宿教育などの現場で鍛えられ，1999 年フューチャーインスティテュートの設立に参画。東京都における教師への教材開発支援に関わり，現場への教育 ICT 導入の可能性を模索。幼稚園・小学校・中学校・高校・大学の教壇に立つと共に，学校の先生向けの研修プログラム設計，授業計画コンサルテーション，教育テレビ番組や幼児向け教材，サービスなどの教育監修を行っている。

■外部委員等

戸田市教育委員会 21 世紀型スキル育成アドバイザー，ICT CONNECT 21 EdTech 推進 SWG サブリーダー，成城学園情報一貫教育推進検討委員会アドバイザー，セサミストリート・ティーチャー

稲垣 忠
（いながき ただし）

| 東北学院大学文学部教育学科・教授
博士（情報学）

■職歴

東北学院大学教養学部講師を経て，2018 年より現職

■外部委員等

文部科学省「情報活用能力調査に関する協力者会議」委員，同「教育の情報化に関する手引」委員，同「デジタル教科書の効果・影響等に関する実証研究」委員，同「次世代の教育情報化推進事業」企画検証委員会委員，同「ICT 活用教育アドバイザー」企画評価委員会委員，経済産業省「未来の教室実証事業」教育コーチ 等

■著書等

稲垣忠編著（2020）『探究する学びをデザインする！情報活用型プロジェクト学習ガイドブック』明治図書，稲垣忠編著（2019）『教育の方法と技術〜主体的・対話的で深い学びをつくるインストラクショナルデザイン』，C.M. ライゲルース＆J.R. カノップ著・稲垣忠ほか共訳（2018）『情報時代の学校をデザインする：

学習者中心の教育に変える 6 つのアイデア』，稲垣忠・鈴木克明編著（2015）『授業設計マニュアル Ver.2 教師のためのインストラクショナルデザイン』，A. コリンズ & R. ハルバーソン著・稲垣忠編訳（2012）『デジタル社会の学びのかたち：教育とテクノロジの再考』以上 北大路書房，稲垣忠・中橋雄編著（2017）『情報教育・情報モラル教育』ミネルヴァ書房，三宅貴久子・稲垣忠・情報モラル授業研究会著（2010）『コミュニケーション力が育つ情報モラルの授業』ジャストシステム，稲垣忠編著（2004）『学校間交流学習をはじめよう』三晃書房 等

準備編・環境整備／体制整備　付録「学校アップデートへのステップ」

佐藤靖泰
（さとう やすひろ）

フューチャーインスティテュート株式会社・教育コンサルタント
教職修士（専門職）

■職歴
宮城県小学校教諭，同主幹教諭，宮城県総合教育センター主幹（指導主事），宮城県教育庁義務教育課主幹（指導主事）を経て現職
東北学院大学教養学部非常勤講師
平成 26 年度　文部科学大臣優秀教員表彰，2017 Microsoft Innovative Educator Experts，教育情報化コーディネータ 2 級

■外部委員等
令和元年度　経済産業省「未来の教室実証事業」教育コーチ

■著書等
稲垣忠編著（2019）『教育の方法と技術～主体的・対話的で深い学びをつくるインストラクショナルデザイン』北大路書房，佐藤靖泰（2019）「授業支援システムを活用した一人一台時代の道徳科の授業改善」『道徳教育』12 月号，佐藤靖泰・村上壮（2019）「被災地における適応学習教材の活用」『学習情報研究 271』pp.10-13，齋藤裕直・佐藤靖泰・阿部智・村上壮・稲垣忠（2018）「算数科における 1 人 1 台 LTE 端末を使用した反転・適応・動画制作学習の実践」『日本教育メディア学会研究会論集（44）』pp.25-30，稲垣忠・佐藤靖泰（2015）「家庭における視聴ログとノート作成に着目した反転授業の分析」『日本教育工学会論文誌 39 巻 2 号』pp.97-105，稲垣忠・嶺岸正勝・佐藤靖泰（2008）「算数科授業での児童の説明場面における電子黒板の影響」『日本教育工学会論文誌 32(Suppl.)』pp.109-112 等

安藤明伸
（あんどう あきのぶ）

国立大学法人宮城教育大学　技術教育講座・教授
博士（学術）

■職歴

札幌市の中学校技術科教員を経て，2002 年より現職

■外部委員等

中央教育審議会 情報ワーキンググループ委員，文部科学省 プログラミング教育実践ガイドの作成委員，同 IE-school 事業 企画運営委員会 主査，同教育の情報化に関する手引作成委員，同小学校プログラミング教育の手引作成委員，同中学校学習指導要領 技術分野 作成協力委員，同 ICT 活用教育アドバイザー，仙台市プログラミング教育部会アドバイザー 等

■著書等

天笠茂編（2018）『中学校全面実施につながる移行措置実践ガイド』，新教育課程実践研究会編（2017）『よくわかる 中教審「学習指導要領」答申のポイント』以上 教育開発研究所，日本産業技術教育学会・技術教育分科会編（2018）『技術科教育概論』九州大学出版会，古川稔編（2017）『新学習指導要領の展開 技術・家庭 技術分野編』明治図書，古川稔編（2017）『中学校教育課程実践講座 技術・家庭』ぎょうせい，安東茂樹ほか（2015）文部科学省検定済教科書『中学校技術・家庭科用 技術分野』，安東茂樹編著（2015）『アクティブ・ラーニングで深める技術科教育』，間田泰弘ほか（2012）文部科学省検定済教科書『中学校技術・家庭科用 技術分野』以上 開隆堂，佐伯胖監修・CIEC 編（2008）『学びとコンピュータハンドブック』東京電機大学出版局 等

ブックデザイン：佐藤 博

学校アップデート
情報化に対応した整備のための手引き

2020 年 5 月 12 日　初版発行

著　者	堀田龍也・為田裕行・稲垣 忠・佐藤靖泰・安藤明伸
発行者	横山験也
発行所	株式会社さくら社

〒 101-0051　東京都千代田区神田神保町 2-20 ワカヤギビル 507 号
TEL：03-6272-6715 ／ FAX：03-6272-6716
https://www.sakura-sha.jp　郵便振替 00170-2-361913

印刷・製本　中央精版印刷株式会社

さくら社の理念

●書籍を通じて優れた教育文化の創造をめざす

教育とは、学力形成を始めとして才能・能力を伸ばし、目指すべき地点へと導いていくことでしょう。しかし、そこへと導く方法は決して一つではないはずです。多種多様な考え方、やり方の中から、指導者となるみなさんが自分に合った方法を見つけ、実践していくことで、教育文化は豊かになっていきます。さくら社は、書籍を通じてそのお手伝いをしていきたいと考えています。

●元気で楽しい教育現場を増やすことをめざす

教育には継続する力も必要です。同時に、継続には前向きな明るさ、楽しさが必要です。先生の明るい笑顔は子どもたちの元気を生みます。子どもたちの元気な笑顔で先生も元気になります。みんなが元気になることで、教育現場は変わります。日本中の教育現場が、元気で楽しい力に満ちたものであるために——さくら社は、書籍を通じて笑顔を増やしていきたいと考えています。

●たくましく豊かな未来へとつなげることをめざす

教育は、未来をつくるものです。教育が崩れると未来の社会が崩れてしまいます。教育がたくましくなれば、未来もたくましく豊かになります。たくましく豊かな未来を実現するために、教育現場の現在を豊かなものにしていくことが必要です。さくら社は、未来へとつながる教育のための書籍を生み出していきます。

学校アップデートへのステップ

	アップデート前の学校	第1フェーズ		第2フェーズ	最終フェーズ	アップデートされた学校
ヒト		学校 CIO	情報化担当教員	ICT 支援員		
コト		一人1アカウント	主体的・対話的で深い学びの ICT 活用	ICT 活用指導力 校内研修	校外での研修の保証	働き方改革
		情報モラル	カリキュラム・マネジメント	ICT 活用ベースの校内研究	大学・企業との連携	
		家庭・地域の協力	家庭や地域との情報共有		家庭でのオンライン学習	授業と家庭学習の連動
モノ		授業用端末	＋授業支援システム		遠隔授業システム	複合型高速プリンター
		児童生徒用端末	＋オンラインデジタルドリル	プログラミング用フィジカル教材		
		校務用端末	＋統合型校務支援システム	ファイル共有クラウドストレージ		情報共有デジタルサイネージ

アップデート前の学校
クラウド・バイ・デフォルトの教育情報セキュリティポリシー

通信ネットワーク 有線 LAN or WiFi → 高速通信ネットワーク WiFi and LTE（5G？ SINET？）